忽逢词语的桃花林

曾泰元——著
高静 施心怡——整理 校对

本书的出版，得到鲁东大学国家语委汉语辞书研究中心的全额资助，
也得到上海杉达学院的赞助，特此鸣谢。

上海译文出版社

图书在版编目(CIP)数据

忽逢词语的桃花林：汉文、英文 / 曾泰元著. --
上海：上海译文出版社，2023.12
ISBN 978-7-5327-9515-4

Ⅰ. ①忽…　Ⅱ. ①曾…　Ⅲ. ①英语—汉语—对照读物
Ⅳ. ①H319.4

中国国家版本馆 CIP 数据核字(2023)第 235588 号

忽逢词语的桃花林
曾泰元　著
责任编辑/陆亚平　　封面设计/ideaforma 工作室

上海译文出版社有限公司出版、发行
网址：www.yiwen.com.cn
201101　上海市闵行区号景路159弄B座
上海景条印刷有限公司印刷

开本 890×1240　1/32　印张 7　插页 2　字数 166,000
2023年12月第1版　2023年12月第1次印刷
印数：0,001－1,500册

ISBN 978-7-5327-9515-4/H·1597
定价：45.00元

序

由上海译文出版社出版的《忽逢词语的桃花林》（下称《忽逢》），是2020年商务印书馆《走进词语的桃花源》（下称《走进》）的姊妹作，从书名就可以看出端倪。我喜欢陶渊明，向往他笔下的桃花源，书名背后的典故不言自明。同时，我这个“词语”系列的科普书，也蕴含着向陈原先生《在语词的密林里》一书的致敬之意。

近些年来，我致力于语言科普，持续撰写文章，希望能以深入浅出之法，探讨汉语、英语、汉英之间的语言和文化现象。这些科普文章都正式发表过，刊载的媒体平台包括知名的报纸杂志和微信公众号，第一本《走进》就是集结了这些文章的通俗读物。在《走进》之后，我又发表了许多性质近似但内容各异的文章，第二本《忽逢》便取材于此，后经去芜存菁，费心打磨而成。

我勤于写作，却懒于整理。写单篇文章时，我可以全心投入、多方求证、反复修改、勤奋黾勉。到了出书阶段，需要整合不同文章加以归纳分类，理顺其中脉络，但我却懒得动，不想看。

怎么办呢？只能向外求助，找人帮忙。我先找了我在上海杉达学院英语专业的学生施心怡，她细心认真，通读了本书的各篇初稿，在文章的编排和体例的统一上做了初步的工作，一本书的雏形已然显现。

编辑部审读了这份书稿，反馈的意见有好几页，需要做较大幅度的调整，指出哪些文章要删除，哪些文章要改写、合并。说实话，我看了之后头痛不已，拖了好几个月都不想碰，不晓得如何是好。甚至，我曾经一度打算放弃——这本书不出了。

然而我没有这个勇气。我努力地思索，看看有谁能帮我，最后想到了我在杉达的同事，英语系的高静老师。她编过教材译过书，中英文俱佳，文笔真挚，乐于助人。我冒昧向她求助，她居然应允了，说可以试试看。

这样的发展，对我而言真是喜从天降。高静伸出了援助之手，把我从头痛、烦躁的泥淖中拉了出来。我喜出望外，没有高静的援手，这本书或许就胎死腹中了。在此，我要向她表示由衷的感谢。

另外，鲁东大学国家语委汉语辞书研究中心全额资助了著作出版费，上海杉达学院资助了相关费用，在此一并致谢。

曾泰元

目 录

三、学习篇——学而时习之

上辈子是西北人

书中参考工具书表

《牛津当代俚语词典》（*The Oxford Dictionary of Modern Slang*）

《牛津高阶学习词典》（*Oxford Advanced Learner's Dictionary*，简称 OALD）

《牛津俚语词典》（*The Oxford Dictionary of Slang*）

《牛津英语词典》（*Oxford English Dictionary*，简称 OED）

《牛津英语词典历史同义词词典 》（*Historical Thesaurus of the Oxford English Dictionary*）

《牛津英语大词典》（简编本）（*Shorter Oxford English Dictionary*，简称 SOED）。

《新牛津英语词典》（*New Oxford Dictionary of English*，简称 NODE）

《韦氏词典》（*Merriam-Webster's Dictionary*）

《韦氏大学词典》（*Merriam-Webster's Collegiate Dictionary*）

《韦氏第三版新国际英语大词典》（*Webster's Third New International Dictionary of the English Language, Unabridged*，俗称《韦氏大词典》，简称 W3）

《韦氏高阶英语学习词典》（*Merriam-Webster's Advanced Learner's English Dictionary*）

《韦氏新国际词典》（第二版）（*Webster's New International Dictionary, Second Edition*）

《兰登书屋韦氏英语大词典》（*Random House Webster's Unabridged Dictionary of the English Language*）

《Encarta 韦氏英语词典》（*Encarta Webster's Dictionary of the English Language*，简称 Encarta）

《剑桥词典》（*Cambridge Dictionary*）

《柯林斯英语词典》（*Collins English Dictionary*, 简称“柯林斯”）

《麦克米伦英语词典》（*Macmillan English Dictionary*，简称“麦克米伦”）

《格林俚语词典》（*Green's Dictionary of Slang*）

《卡塞尔俚语词典》（*The Cassell Dictionary of Slang*）

《兰登书屋美国俚语历史词典》（*Random House Historical Dictionary of American Slang*）

《美国俚语词典》（*Dictionary of American Slang*）

《市井词典》（*Urban Dictionary*，简称“市井”，多译《城市词典》）

《新编帕特里奇俚语与非传统英语词典》（*The New Partridge Dictionary of Slang and Unconventional English*）

《词典学词典》（*Dictionary of Lexicography*）

《姓氏词典》（*A Dictionary of Surnames*）

《BBI 英语搭配词典》（*The BBI Combinatory Dictionary of English*）

《秕糠学会词典》（*Vocabolario degli Accademici della Crusca*）

《德语词典》（*Deutsches Wörterbuch*）

《法兰西学院词典》（*Dictionnaire de l'Académie française*）

《法语词典》（*Dictionnaire de la langue française*）

《西班牙语词典》（*Diccionario de la Lengua Española*）

《新和英大辞典》（第五版）

《辞海》（第七版）

《康熙字典》

《汉语大词典》

《汉语新词新义词典》（*A Dictionary of New Chinese Words*）

《现代汉语词典》

《布莱克韦尔文字百科全书》（*The Blackwell Encyclopedia of Writing Systems*）

《大英百科全书》（*Encyclopaedia Britannica*）

《皇家园艺学会园丁植物花卉百科》（*The Royal Horticultural Society Gardeners' Encyclopedia of Plants and Flowers*）

《皇家园艺学会园艺植物百科大全》（*The Royal Horticultural Society A-Z Encyclopedia of Garden Plants*）

《剑桥世界古语百科全书》（*The Cambridge Encyclopedia of the World's Ancient Languages*）

《语言与语言学百科全书》（*Encyclopedia of Language & Linguistics*）

"牛津活词典"（*Oxford Living Dictionaries*）

“牛津在线词典”（*Oxford Dictionaries Online*，简称“牛津”）

“韦氏在线”（Merriam-Webster Online，简称“韦氏”）

“剑桥在线词典”（Cambridge Dictionaries Online，简称“剑桥”）

“词人”（Wordnik）

“维基词典”（Wiktionary）

“新牛津英汉双解大词典”APP

“新世纪英汉汉英大词典”APP

一、习俗篇

感受浓浓的节日氛围

“元旦”的英文是 Yuandan？

什么？“元旦”的英文是 Yuandan？我并没有开玩笑，英文中确实有 Yuandan 这个词，意思就是公历 1 月 1 日的元旦。Yuandan 甚至还被英国的权威词典收录，成为了英文词汇的正式成员。

这部词典就是《柯林斯英语词典》（*Collins English Dictionary*，以下简称“柯林斯”），该词典从 1979 年出版至今，已有 40 余年历史，在英语世界备受信赖与尊崇。无论是查阅柯林斯的纸质词典，或是上网搜索它的在线版，都能找到 Yuandan 这个词，其中收录了两个定义：1. 春节的旧称（the former name of Chunjie）；2. 按照中国方式所过的西历（阳历）新年节日 [the Western (solar) New Year’s festival as celebrated in China]。

权威词典对词语的增录都有严格的标准，不会仅凭高层或主编的一己之好就随意收录。尽管如此，Yuandan 的出现的确出人意料，甚至让人不解。我查遍各类英文词典，除了柯林斯外，Yuandan 一词未见于他处。

中文的“元旦”本义是“一年的第一天”（“元”，第一；“旦”，某一天），指的是公历 1 月 1 日，这是个全球通用的节日，英文称之为 New Year（新年）或 New Year’s Day（新年日/新年节）。

在中国及全球华人圈里，“元旦”一词并没什么独特之处，其英文直接用既有的说法即可，英文词典居然还收了中文音译的 Yuandan，的确令人费解。我谷歌了一下 Yuandan，以 New Year 作为第二关键词限定搜索范围，借此明确所指，剔除不相干的词语。结果显示，作“元旦”解的 Yuandan 还真的有，甚至有 15,000 条左右的网页资料。

英语是一门具有丰富生命力的语言，其词汇海纳百川、不择细流、以成其大。针对某个意思，在英文已有现成词语加以表述的情况下，还能继续吸收意思相近的外来语，如此兼容并蓄，展现了语言的层次和细致。

这让我想到了美式英文表示“少量；一点点”的 skosh /skəʊʃ/。这是个俚语，源自日文的罗马字标音 sukoshi（少し），再经拼写、发音省略而来。英文中意思相近的词起码有数十个，却仍继续接纳从日文来的新成员。

如此看来，Yuandan 的出现，就不那么让人意外了。英文早有本土的 New Year，又引进了来自中文的 Yuandan，值得为文铭记，广而告之。

“春节”的几个英译

春节是全球华人的传统年度盛事，它的英译 Spring Festival，想必学过英文的人都知道。这个词从中文直译而来，“春”翻成 spring，“节”译为 festival，它是专有名词，所以两个首字母都要大写。

事实上，Spring Festival 迟至 2017 年第三季的季末（9 月底）才被收进《牛津英语词典》（*Oxford English Dictionary*，简称 OED）。细细想来，作为英语世界最大、最权威的词典，OED 虽已全面数字化，也有专业团队持续修订，但每一季发布的新词新义只限于小范围的修补，若要进行大规模的增订，就只能默默等待。

这一等，就是整整 100 年。OED 的书证显示，“春节”的英译 Spring Festival 于 1917 年首度露面，刊印在英文版的《京报》（*Peking Gazette*）上，讲的是民国初期的国会议员有着大把钞票过春节。一个世纪前的英文新词，如今才得以进入 OED 的词汇殿堂，直教人感慨。

除了 Spring Festival，OED 在同一批的增订里还发布了 Chinese New Year（中国新年）。这也不是个新词，历史远比 Spring Festival 更悠久，1704 年首度见诸文献，现身于英国的古书《行旅集》（*A Collection of Voyages and Travels*）。OED 撷取的文献片段向西方介绍了中国新年的算法，说它落在公历 2 月 5 日前后的新月（即朔日初一）。

英谚有云，“Better late than never.”（迟做总比不做好。）。一个延续几千年的中国节日，两个流传百余年的英译，双双获得权威英语词典的认可，若要讲正义，这算是迟来的正义了吧。

我手机里有“新世纪英汉汉英大词典”的APP，日前闲来无事顺手一查，键入“春节”查找英文，结果除了Spring Festival和Chinese New Year这两个理所当然的答案之外，居然还跳出以汉语拼音转写的Chunjie。我点击Chunjic反查，真的有这个英文词条，意思就是“春节”。

这的确令人意外。我开始翻阅《柯林斯英语词典》，也就是该APP英汉部分的英文母本，无论是纸质版还是网络版，都表明了Chunjie的确存在，就是个不折不扣的主词条，柯林斯用26个单词对其进行了解释。

其实，除了2017年被OED收录的Spring Festival和Chinese New Year，以及由柯林斯收录的Chunjie之外，“春节”至少还有3种英文译法：Lunar New Year、Chinese Spring Festival和Chinese Lunar New Year。这些都是有凭有据的，其他一些译法的使用证据较为薄弱，暂且忽略不计。

Lunar New Year由lunar（农历的）修饰英文既有的New Year（新年）而得，指的是中国的春节，或是受中国文化影响的其他地方庆祝的类似节日。这个译法不包含Chinese，巧妙地让东亚文化圈的某些地域维持了自尊，得以避开与中国“本连欲断”的历史脐带。为了强调是中国的农历新年而不是韩国的农历新年，因而也有Chinese Lunar New Year（中国农历新年）这一说法。

上文提到的Spring Festival由“春节”逐字翻译而得，这个词在其他文化中也使用，指的是送冬迎春的“春天节”，跟中国人的春节有所不同。为了避免歧义，Chinese Spring Festival（中国春节）便应运而生。

以上6个“春节”的英译，在“描绘引擎”（Sketch Engine）和“当代美国英语语料库”（COCA）等专业的语料库中，都能或多或少找到使用证据。综合这两个语料库判断，Chinese New Year 最常用，一枝独秀，为第一梯队。Spring Festival 和 Lunar New Year 次之，二者的地位在伯仲之间，为第二梯队。Chinese Lunar New Year 再次之，不过使用频次呈断崖式跌落，属于第三梯队。Chinese Spring Festival 又次之，尚不及第三梯队的一半，是为第四梯队。音译的 Chunjie 垫底，属第五梯队。

如果以是否被英文词典收录为判断标准，作为主词条（main entry）收录计 2 分，作为次要的“又名”（another name）收录计 1 分，那么 Chinese New Year 同样一枝独秀，为英语专家的首选。它作为主词条被 5 部词典收录，得 10 分：OED、“韦氏在线”（Merriam-Webster Online，简称“韦氏”）、“牛津在线词典”（Oxford Dictionaries Online，简称“牛津”）、《Encarta 韦氏英语词典》（*Encarta Webster's Dictionary of the English Language*，简称 Encarta）、“剑桥在线词典”（Cambridge Dictionaries Online，简称“剑桥”）。

其他 5 个英译收录于英文词典的情况如下：Spring Festival 排第二，得 4 分，收录于 OED 的主词条、柯林斯和牛津的“又名”。Lunar New Year 和 Chunjie 并列第三，各得 2 分，分别收录于 Encarta 和柯林斯。Chinese Lunar New Year 和 Chinese Spring Festival 皆得 0 分，没有任何词典收录。

“春节”的英译，引用专业语料库和权威英文词典为证，结果大体一致。首选 Chinese New Year，其次是 Spring Festival 和 Lunar New Year。至于 Chunjie、Chinese Lunar New Year 和 Chinese Spring Festival，不妨作为参考，斟酌使用。

元宵节话英文

旧时，农历正月十五日叫“上元节”，这天晚上叫“元宵”。元者，首也，此指首次望月，也就是第一个满月。宵者，夜之谓也，用白话文说，就是晚上。所以元宵的本义，就是农历新年第一个月圆的晚上。元宵亦称“元夜”或“元夕”，道理相同。

唐代以来，上元节均张灯结彩，入夜后百姓观灯，期间有放烟火、舞龙灯等热闹的民俗活动。电视剧《长安十二时辰》将故事时间设定在盛唐天宝三年（公元 744 年）的上元节，剧情围绕着长安城内的一次刺杀行动展开。故事虽是虚构，不过剧中唐人在上元夜观灯赏火的华丽场景，令人印象深刻。

苏轼的先祖、唐朝宰相兼文学家苏味道，在其五言律诗《正月十五夜》中写道：“火树银花合，星桥铁锁开”，描述的就是盛唐的元宵。上元夜灯火辉煌、灿烂绚丽，京城暂停宵禁，城门大开，任由平民百姓通行取乐。诗句与电视剧两相对照，这上元节的夜晚，可真是越夜越美丽。

元宵热闹好玩，上元节逐渐退居次位，正月十五便多称元宵节。因为灯是节日的主角，所以元宵节又称灯节，这也是英文 Lantern Festival（灯笼节）的来源依据。

《牛津高阶学习词典》（*Oxford Advanced Learner's Dictionary*，简称 OALD）于 1948 年问世，是史上第一本针对非英语母语者的英语学习词典。2020 年的第 10 版增收了许多新词新义，其中 Lantern Festival 作为主条目惊喜在列。然而这里的 Lantern Festival 却不是元宵节，而是日本的传统节日——盂兰盆节（简称“御盆节”或“盆会”）。底下还列出了两个代表同义词的“亦作”（also），作为附带的参照。这两个同义词都是来自日文的借词：一个是 Bon /bɒn/，日文写成“盆”；另一个是 O-Bon /əʊ 'bɒn/，日文写成“お盆”。

日本的盂兰盆节，时间点落在中元节，实质则相当于清明节。OALD 将 Lantern Festival 定义为“日本的佛教节日，八月举行，是时民众祭拜亡灵”（a Japanese Buddhist festival that takes place in August, when people show respect to the dead）。

相比于 OALD，同属牛津家族的《新牛津英语词典》（*New Oxford Dictionary of English*，简称 NODE）对 Lantern Festival 的处理却略有不同。NODE 是针对英语母语者的大型单册词典，也以主条目的地位收录了表示“盂兰盆节”的 Lantern Festival，但没有释义，因此不是个完整的主条目。词典仅将其视为重要性居次的“又称”（another name），要读者另行参阅主条目 Bon（盆会）。

美国的《韦氏词典》（*Merriam-Webster's Dictionary*）收录了 Feast of Lanterns（灯笼之节），将其定义为“中国旧历正月十五的年度节日，是新年庆祝活动的结束”（a Chinese annual festival on the 15th day of the 1st month according to the old Chinese calendar that is the concluding part of the new-year celebration）。然而语料表明，Feast of Lanterns 的说法较旧，似已淡出历史舞台。我倒觉得用 Feast of Lanterns 来翻译“灯会”更合适，因为 feast 也有“盛会”之意，如 a feast of classical music（一场古典音乐的盛会）。

权威的《大英百科全书》（*Encyclopaedia Britannica*）收录了表示“元宵节”的 Lantern Festival，说它又称 Yuan Xiao Festival。“维基百

科”（Wikipedia）也收录了同样意义的 Lantern Festival，言其或称 Spring Lantern Festival（春天灯笼节）。OED 没有收录该词，却收录了表示节令食品的 yuan hsiao（元宵，威妥玛式拼音），并在定义里以 Chinese Lantern Festival（华人灯笼节）指称元宵节。

综合判断，我建议“元宵节”的英文继续使用约定俗成、流通甚广的 Lantern Festival。诚然，这个词也表示日本的盂兰盆节，但经各类权威语料查证，英文中提到日本盂兰盆节时，偏好使用借自日文的 Bon 或 O-Bon（又拼 Obon）。因此，倘若要强调 Lantern Festival 是元宵节而非盂兰盆节，不妨冠以修饰语，用 Spring Lantern Festival 或 Chinese Lantern Festival 来明确所指。此外，还可以借鉴日文 Bon 的做法，用音译的 Yuan Xiao Festival，以异化之策来彰显文化的主体性。

引经据典的名称探讨不免严肃，至此暂歇。接下来谈点轻松的，看看元宵节的特色食物元宵和汤圆，以及元宵节的常见民俗英文该怎么说。

“元宵”和“汤圆”是元宵节的应景美食，还都是难译的文化特色词，英译时不妨直接诉诸语音，最大限度地保留原汁原味，又能坚持文化的主体性。OED 收录了“元宵”的威妥玛式拼音 yuan hsiao，指的是“为（农历正月十五）元宵节而做的一种糯米汤团甜品”[a sweet rice-flour dumpling made for the Chinese Lantern Festival (15 January in the lunar calendar)]。然而与元宵难分彼此的汤圆，OED 则和《辞海》（第七版）以及《汉语大词典》一样，并未加以收录。不过依元宵的前例，把“汤圆”音译为 tang yuan 也算合情合理，二者皆可另意译为 rice-flour dumpling（米粉团子）。

碰到难译的文化特色词时，我建议以音译为主，以至多三个词的短意译为辅，视情况斟酌使用。以下有关元宵节民俗的英文，都是名词性词语，用的也是一样的策略，为了节省篇幅，恕不重复说明。另外，名词的单复数、冠词的有无或选择、名词到动词的转换、词语的各种搭配，读者可依上下文自行调整。

灯与火是元宵节的重头戏。灯，即各式灯笼：灯笼（lantern）、折叠灯笼（Chinese lantern）、天灯/孔明灯（sky lantern）、花灯（festive lantern）、灯会（lantern show）、灯谜（lantern riddle）。火，原指有明火的篝火（bonfire）、火把（torch）、油灯（oil lamp），或蜡烛（candle），后亦指节庆时燃放的烟花/火（firework）和爆竹/鞭炮（firecracker）。

此外，中国幅员辽阔，不同地区有不同的元宵节民俗，有些我们熟悉，有些只是听说，有些甚至闻所未闻，如舞龙（dragon dance）、舞狮（lion dance）、庙会（temple fair）、社火（shehuo，音译/village carnival，意译）、社戏（shexi，音译/village drama，意译）、跳绳（jump rope）、踩高跷（stilt walking）、大头舞（big-head dance）、划旱船（boat dance）、跑驴（donkey dance）、扭秧歌（yangge dance，OED 收了“秧歌”的威妥玛式拼音 yang-ko）、抬阁（taige，音译/acrobatic lift，意译）、打太平鼓（peace-drum dance）、打腰鼓（waist-drum dance）、走桥（bridge crossing）、偷菜（vegetable stealing）、烧塔（shaota，音译/festival bonfire，意译）。

以上英文，部分约定俗成，甚至被权威词典收录，在此直接挪用。部分是我的建议，乃我广泛阅读、思考判断所得。翻译常无定论，见仁见智，特别是没有标准答案的文化特色词，因此这些英译仅供参考，期待后出转精。

“清明节”的英文

“清明节”的英文常作 Tomb Sweeping Day（扫墓节），这个翻译能彰显节日的内涵，却无法揭示其源头。清明节源自二十四节气之一的清明，许多人或许已经淡忘了。

Tomb Sweeping Day 并未被收录进任何英文词典，毕竟在英语世界中，清明节的知名度远不及传统的三大节——春节（Chinese New Year 或 Spring Festival）、端午节（Dragon Boat Festival）和中秋节（Moon Festival 或 Mid-Autumn Festival），这三节的英文都已出现在牛津、韦氏、柯林斯等英美权威词典中了。

是否被收进英美出版的权威英文词典，在汉英翻译的研究上是个极具参考价值的评判标准。中文的词语翻成英文，会有不同的译法，各有优劣。若能进入英美的权威词典，意味着这些英译词通过了专家的层层考核认证，地位在核心英语世界已稳固，有其重要的象征意义。

常用的 Tomb Sweeping Day 在词典中找不到，清明的音译 Ch’ing Ming 却得到了《韦氏词典》的认证，成为英文词汇的一份子。Ch’ing Ming 是威妥玛式拼音，Ch 后面的一撇代表的是语音学的“送气”（aspiration），也就是有撇的 Ch’念q，没撇的 Ch 念j。然而威妥玛式拼音几经简化，撇号早已不再使用。

《韦氏词典》给清明节下了定义，说它是“中国的一个春天的节日，是时要打扫坟墓，给亡者献上特别的祭品”（a spring festival in China when graves are put in order and special offerings are made to the dead）。韦氏在 1934 年出版了《韦氏新国际词典》（第二版）（*Webster’s New*

International Dictionary, Second Edition, Unabridged），收词量超过 60 万，当时就收录了 Ch'ing Ming，迄今已经 80 余年，还未修订过，拼写和定义该要与时俱进了。

一物多名乃语言常态。清明节的英文，除了最常见的 Tomb Sweeping Day 和韦氏收录的 Ch'ing Ming 之外，不妨另称之为 Chinese Memorial Day（中国悼念日），这个词借自美国的一个类似节日。

Memorial Day（阵亡将士纪念日）是美国的法定假日，日期落在 5 月的最后一个星期一，用以追忆、悼念阵亡的美军将士。纪念日当天，当局会在与首都华盛顿一水之隔的阿灵顿国家公墓（Arlington National Cemetery）举办庄严隆重的仪式，美国民众也会自发前往附近的公墓和纪念碑馆追思阵亡将士。

虽然清明节和阵亡将士纪念日针对的对象不同，一个是祖先，一个是军人，然而二者的精神相似，都是悼念亡者的全国性节日。清明节或可在后者的基础上冠以 Chinese（中国的）明确其文化属地，暗示其内涵略有不同。此举就像 Chinese New Year 借用英文的 New Year 再以 Chinese 修饰一样，让人瞬间意会。

“梅雨”的英文

《辞海》（第七版）将“梅雨”一词定义为“初夏出现在中国江淮流域至日本中南部雨期较长的阴雨天气。因值梅子黄熟，故名”。梅雨是一年一度的自然气候现象，时值五、六月的春夏之交，冷热空气交锋，给我们带来了连续降雨的黄梅天。梅雨过后，就会正式进入炎热的夏季。

近些年来，我专注于研究英文里源自中文的词语，对 OED 做了全面普查，得到了 500 个左右的汉源词，却不见“梅雨”一词。

许多英文文献把“梅雨”直译为 plum rains（做形容词时用单数形式，如 plum rain season/period，梅雨季/期）。梅雨是中国特色，高度吻合的英译 plum rains 为什么不是汉源词呢?

其实，OED 也以复数形式 plum rains 收了“梅雨”，并表示其“偶尔也用单数形式”（also occasionally in singular）。但 OED 认定 plum rains 仿译自日文“梅雨”（after Japanese “bai-u”），不是个汉源词。

持平而论，这就如同 tofu（豆腐）以及其他许多类似的案例，虽然无奈，却是事实。豆腐是中国人发明的，距今已有两千多年的历史，后传入日本。然而英文的 tofu 的确借自日文，生成于 1880 年明治天皇时期，有明确的语料证据支撑。不少原产于中国的概念事物，都是通过日文的中介才为西方所知，让人喟叹。

回到梅雨。OED 在词源里交代了 plum rains 的由来，说这个词语“指的是每年梅子成熟的时节”（referring to the time of year when plums ripen）。OED 给 plum rains 下的定义是“初夏和仲夏日本和中国南方的降雨或雨季”[(a season of) rainfall in early summer and midsummer in Japan and southern China]，和我们的理解相仿。

OED 在 plum rains 的词源里设置了超链接，请读者参见日文音译的 bai-u。比起直译的 plum rains，OED 给 bai-u 的定义明显简略，说它是“初夏或仲夏日本的降雨或雨季”[(a season of) rainfall in Japan in early or midsummer]，对梅雨的发生地中国只字未提。究其原因，可能是后出转精：1972 年 OED 的《补编》（Supplement）收录了 bai-u，之后就未曾修订过。2006 年 OED 在线增收了 plum rains，打磨了梅雨的定义，让它更符合当今的客观事实。

韦氏的足本（Unabridged）和大学版（Collegiate）两部在线词典也都收录了“梅雨”的日文音译 bai-u，但未收直译的 plum rains。与 OED 不同的是，韦氏给 bai-u 的定义是“与中国和日本的春季或初夏的雨季有关的”（relating to the spring or early summer rainy season in China and Japan），这里的 bai-u 作形容词解（梅雨的），定义里的雨季时间提前，地点增加了中国。

韦氏和 OED 都认为，bai-u 在 1910 年首度见诸英文文献。OED 进一步指出，其出自《日本中央气象台报告》（*The Bulletin of the Central Meteorological Observatory of Japan*）的标题“论日本的梅雨或雨季”（On the Bai-u or Rainy Season in Japan）。

有趣的是，由日本研究社出版的《新和英大辞典》（第五版）（2003）收了“梅雨”（梅雨，ばいう）的英文，既不是直译的 plum rains，也不是音译的 bai-u，而是意译的 the rainy season（雨季）。

我们翻译“梅雨”，应避免日本色彩鲜明的音译词 bai-u，以较为中性的直译词 plum rains 为宜，甚至，汉语拼音的 mei-yu 亦可考虑。虽然词典尚未收录 mei-yu，不过美国气象学会（American Meteorological Society）把 mei-yu front（梅雨锋面）列入他们的规范词汇，增加了“梅雨”英译的一种可能性。

冬至，饮食，英文

冬至是二十四节气之一，许多人认为冬至大如年，是个需要隆重对待的日子。

北半球的冬至，是一年之中白昼最短、黑夜最长的日子。在这一天，北极圈是“极夜”，太阳一直在地平线以下，24 小时都是黑夜。

“冬至”的英文是 winter solstice（冬天的至点），关键词是 solstice（至点）。了解中英文的由来，能让人茅塞顿开、豁然开朗。

冬至的“至”代表极点，也就是“极值”“顶点”的意思。在昼夜等长的秋分（autumn equinox）过后，黑夜慢慢变长，白昼慢慢变短。黑夜的长度在冬至这天达到顶点，白昼的长度降至谷底，成为了全年的极值。过了冬至，黑夜和白昼互换方向，黑夜下行，白昼上行，一直到来年春分（spring equinox）的昼夜平分点，二者才又再度等长。英文的 equinox 今义为“分点”，词源本义是“昼夜相等”（equi“相等”+ nox“夜晚”），指的就是白昼与黑夜长度的平分点。

英文的 solstice 和中文的“至点”所指相同，但思路不同，呈现出的世界观也迥异。由词源观之，solstice 可拆成两部分，前面的 sol 指“太阳”[如 solar（太阳的）里的 sol]，后面的 stice 是“站立”“静止”的意思[与 static（静止的）有关]，因此 solstice 的本义是“太阳静止不动”。因为从地球上看，不管是冬至还是夏至（summer solstice），一旦到了至点，太阳季节性的移动告一段落，准备折返，让人有了“太阳似乎站立静止”的错觉。就如同车辆在两点间直线往返，到了目的地便掉头转向，那一刻好似处于静止的状态。

关于冬至的饮食习俗，如果不细究个别地方差异，那么大致的格局是，北方吃饺子或馄饨，南方吃汤圆（又称汤团）。

因为饺子形似耳朵，吃饺子俗称“安耳朵”，民间习俗认为冬至不吃饺子会冻掉耳朵。吃馄饨寓意破阴释阳，表达了冬至时宇宙混沌、新旧交接的景象。吃汤圆，则以其圆乎乎的形状，象征团圆、圆满。

“饺子”的英文就是汉语拼音 jiaozi，大型权威词典已经收录多时。“馄饨”的英文 wonton 来自粤语，大小词典多有收录，还是英文中的常用单词。

“汤圆”没有简短地道的英文，我们不妨依循前例，直接音译，称之为 tangyuan，另以 rice-flour dumpling（米粉团子，即“大米磨成粉所制成的团子”）意译，作为帮助理解、促进沟通的辅助说明。

汤圆和元宵极为相似，有人认为大同小异，也有人认为二者是同物异名。值得一提的是，“元宵”的英文就是音译的 yuan hsiao（威妥玛式拼音，另作汉语拼音的 yuanxiao），1986 年就成为英文词汇的正式一员，收录于 OED。用来意译汤圆的 rice-flour dumpling，正是 OED 给元宵下定义的核心字眼。

冬至时，黑夜最长，白昼最短。过了冬至，二者互换，黑夜渐短，白昼渐长。让我们吃颗富含美好寓意的饺子、馄饨或是汤圆，迎接越来越长、光明灿烂的白昼。

趣谈中国十二生肖的鼠、牛、虎、猪

（一）生肖与星座

鼠、牛、虎、兔、龙、蛇、马、羊、猴、鸡、狗、猪。生肖是中华文化的重要元素，深植民间，在欧美也享有较高的知名度。许多外国人对此颇感兴趣，或多或少想要知道自己的属相，了解其性格特质。更深入的命数运势、祸福吉凶、宜忌合冲，能勾起他们强烈的好奇心。

谈起我们文化里的生肖，不免让人联想到西洋占星术（astrology）里的星座（zodiac，指体系；star sign，或简称为 sign，指符号）。西洋占星术源自两河流域的古巴比伦文明，继承了古希腊的传统。虽然生肖用以表年，星座用以论月，但二者皆与生辰命理有关，同是十二个符号，一样基于动物。

位居占星术核心的“黄道十二宫”，其英文 zodiac 的本义就是“小动物”，原指动物雕像（即“具体而微的动物”）排列而成的圆圈，也就是由动物图像所构成的圆形星座图。若再深入一点，从词源的角度说文解字，那么 zodiac 最初源自希腊文，由 zodiac circle（小动物的圆圈）省略 circle 而来。zodiac 的词根 zo 是“动物”之意，di 指“小成分”，词尾的 ac 是形容词后缀。乍看之下，作为词根的 zo 或许令人费解，但联想到基础单词 zoo（动物园，zoological garden 的略写）和较专业的 zoology（动物学，动物区系，动物群），就不难发现 zodiac 与动物的密切关联了。

当然，走过了悠远的历史长河，黄道十二宫的星座演变至今，不免产生“名存实殊”的现象：名字还在，内容却发生了改变。有些星座图不再是动物，如天秤座（Libra）是一把代表均衡的秤；有些直接变成了人，如双子座（Gemini）是一对双生儿，处女座（Virgo）是一位纯真的少女；另一些则是人和其他动物或物件的组合，如水瓶座（Aquarius）是持瓶的倒水者，射手座（Sagittarius）是人头马身的弓箭手。

十二生肖与占星术的十二星座异曲同工，知名学者郭沫若甚至主张，十二生肖是汉代仿造古巴比伦的黄道十二宫所制定的。对此学界有不同的见解，目前尚无定论，不过可以确定的是，生肖并非中华文化所独有。放眼古今中外，除了上述的古希腊和古巴比伦之外，在古埃及、古印度以及其他诸多文化中都能看到类似的痕迹，只是动物的种类与顺序有所差别。

这究竟是英雄所见略同，还是出自共同的源头，我们暂且无从得知。但可以肯定的是，十二生肖早已植根于全球华人心中，发展出一系列独特的风俗习惯和人生态度，千百年来深刻地影响着我们。

OED 收录了中国传统的干支纪年，用 sexagenary cycle（六十的周期，sexagenary 意为“六十的”）来表示干支。干支就是天干和地支的合称，天干（Heavenly Stems）有十：甲、乙、丙、丁、戊、己、庚、辛、壬、癸。地支（Earthly Branches）有十二：子、丑、寅、卯、辰、巳、午、未、申、酉、戌、亥。天干和地支彼此依序搭配，十和十二的最小公倍数是六十，故六十年为一个循环周期。

由于生肖和星座关联密切，在英译生肖时，可参照或借鉴星座相关术语。作为体系的“生肖”可译为 Chinese zodiac（中国星座表），单个的“生肖”译为 Chinese zodiac sign（中国星座），或者 animal sign（动物星座，仿 star sign）。询问别人生肖时，可以说“What’s your Chinese zodiac sign?”（你的生肖是什么？），或者“What animal sign are you?”

（你是什么属相的？）。回答时，就说“I’m a Rat.”（我属鼠。），不定冠词 a 不可省略。

十二个生肖动物的英文分别是 Rat（鼠）、Ox（牛）、Tiger（虎）、Rabbit（兔）、Dragon（龙）、Snake（蛇）、Horse（马）、Goat（羊）、Monkey（猴）、Rooster（鸡）、Dog（狗）、Pig（猪）。需要注意的是，和西洋星座一样，这些英文单词的首字母通常要大写。另外，某些动物的英译不只一个，原因在于中文的动物是统称，而英文却分得比较详细，导致中译英会出现“一对多”的情况。譬如鼠，除了 Rat（大老鼠）之外也用 Mouse（小老鼠）；又如鸡，除了 Rooster（公鸡）之外也用 Chicken（鸡），但 Cock（公鸡）现在多半避而不用，因其兼有男性器官的粗鄙联想。

（二）鼠年的鼠是Rat

鼠年的英文是 Year of the Rat，这个写法较为规范：Year 和 Rat 两个实词的首字母大写，of 和 the 两个虚词全部小写。其他生肖年份的翻译也可遵循这个原则。另有两种常见的不规范译法：一是全部小写，二是省略定冠词 the。

令人略感遗憾的是，鼠在中华文化里的形象偏负面，许多词语都透露出遭人厌恶的特质，如“过街老鼠，人人喊打”“獐头鼠目”“鼠目寸光”“贼眉鼠眼”“鼠窃狗盗”“抱头鼠窜”“鼠辈”，等等。

大老鼠的英文是 rat，形象也多为负面，如“The house was infested with rats.”（屋内鼠满为患。）。rat 除了本义之外，还可转指背信弃义的卑鄙小人，如“But you promised to help us, you rat!”（可是你答应要帮我们的，你这个骗子！）。

复数的rats是个感叹词，用来表达气恼，或可译成“要命”“该死”“可恶”，如“Rats! I forgot to buy any bread.”（要命！我忘了买面包了。）。名词的rat也出现在一些惯用语里，如like rats deserting a sinking ship（抱头鼠窜；树倒猢狲散）、to smell a rat（怀疑其中有鬼；觉得不对劲）。

rat也可作动词，后加介词on，有“告发”“食言”之意，如“Where I come from, you don’t rat on your friends.”（在我老家那儿，谁都不会出卖自己的朋友。）、“I can’t back someone who rats on their promises.”（我不会支持出尔反尔的人。）。

小老鼠的英文是mouse，与rat相较，形象就好了许多。除了本义之外，mouse可引申为“安静、害羞、胆怯的人”，惯用语quiet as a mouse（静悄悄的）是个类似的比喻。电脑时代到来之后，mouse也用来指外型酷似小老鼠的“鼠标”。随之而来的，是仿couch potato（沙发马铃薯；电视迷）而造的mouse potato，意指长时间坐在电脑前、一动也不动的“鼠标马铃薯；电脑迷”。mouse可兼作动词，常以to mouse over（将鼠标的光标移至……上）的组合出现，如“The pictures become bigger when you mouse over them.”（你把鼠标的光标移至图片上，图片就会变大。）。

平心而论，英文的rat和中文的“鼠”，二者的形象都不那么正面，把鼠年的英文译成Year of the Rat，在语用层次上倒也贴切。鼠年有时也可译成Year of the Mouse。中文的“鼠”就是鼠，英文还分rat（大鼠）和mouse（小鼠），二者有所区别。关键在于中英语言对事物的认知不对等。

由语义学观之，中文用的是上义词（hyperhym or superordinate），英文用的是下义词（hyponym）。上义词如“花”，是个统称；下义词如“牡丹”“腊梅”“百合”，是花的品种。鼠，通称老鼠，在分类学（taxonomy）上属于动物界（animal kingdom），脊索动物门（chordate phylum），哺乳纲（mammal class），啮齿目（rodent order），鼠科（murid family），也有学者把它归类在略上一层的“鼠总科”（muroid superfamily）。

无论是鼠科（murid）还是鼠总科（muroid），英文的核心成分都是 mur，这个 mur 是 mus 的变体，也就是 mouse 的源头。有趣的是，肌肉的英文 muscle 本义是“小老鼠”（mus 是老鼠，-cle 是表示“小”的后缀），描述的就是我们的二头肌，因其形似老鼠而得名。

单就语义的角度来看，中文的“鼠”可以对应到英文的 murid（鼠科动物），前者是日常词语，后者却是生僻的专业单词，语言风格差距太大。鼠年的英文在 Year of the Rat 和 Year of the Mouse 之间摇摆，固然会让人有些无所适从，但如果把它翻成科学精确的 Year of the Murid，则不免让人以为是生物学界举办的活动，完全摒弃了重要的文化脉络。

除了上文提到的 rat 和 mouse，还有一些鼠类，甚至成为了人类的宠物。其中，萌萌的仓鼠（hamster）为其一，饲养率在所有鼠类宠物中高居榜首。沙鼠（gerbil）为其二，品种有很多，也是一副讨人喜爱的萌模萌样。guinea pig（豚鼠，字面义为“几内亚猪”，又称天竺鼠）为其三，因常被拿来做实验，所以 guinea pig 也是“试验品”的代名词。还有花枝鼠（fancy mouse），这种鼠中“哈士奇”，又名奶牛大白鼠，越看越可爱。

有人属鼠，却不喜欢自己的生肖，其实大可不必，转念想想迪士尼可爱的米老鼠（Mickey Mouse）吧！他成功扭转了我们对鼠的认知，成为风靡全球的高人气偶像，对属鼠的人而言，实在是功德一件。

（三）牛年的英文

牛年，英文一般说 Year of the Ox，若放在句子里，最前面还得再加个定冠词，写成 the Year of the Ox，这是文法上的要求。

英国《太阳报》（*The Sun*）在 2020 年 11 月 10 日出刊的一期中，就有一则《2021 牛年》（2021 Year of the Ox）的专题报道。导言中写道："在中华文化里，牛因其在农业中的角色而受到珍视。生肖也如此，属牛的人留下的印象多为'勤恳、乐观、诚实'。"（In Chinese culture, the Ox is a valued animal because of its role in agriculture, and similarly in the zodiac, the Ox is seen as hardworking, positive and honest.）

与"鼠"的情况一样，中文的"牛"也是统称，是一个上义词。凡是牛族动物（bovine）的一员，如水牛（water buffalo）、黄牛（yellow cattle）、奶牛（dairy cattle）、菜牛（beef cattle）、牦牛（yak）、瘤牛（zebu）、野牛（bison）都是牛。

可见，中英文词汇的对应并不严整，整体而言是一对多的格局。中文看大方向，重视概念，而英文则恰恰相反，重视细节，从异同中分辨彼此，个别命名。

回到牛本身。英文里最普通的牛，应当就是 cow 了。这个词泛指成牛，公母皆可，也可特指生过崽的成年母牛。泛指常隐含某一性别，特指另一性别时，需要用其他的字眼，这是英文的通例。譬如泛指的 dog（狗）隐含是公狗，特指母狗时用 bitch；泛指的 horse（马）隐含是公马，特指母马时用 mare；泛指的 duck（鸭）隐含是母鸭，特指公鸭时用 drake；泛指的 goose（鹅）隐含是母鹅，特指公鹅时用 gander。

泛指的 cow 隐含是母牛，特指公牛的单词有三个，分别是 bull（未经阉割）、ox（去势的 bull，役用）、steer（去势的 bull，肉用）。cattle

也是牛，是成牛的泛指，公母均含，地位相当于cow。不过cattle是复数名词，或可大致理解为cattle = cows。小牛一般用calf（未成年，不分公母），小母牛特称为heifer，阉过的小公牛特称为bullock。动物的幼崽另有字眼，这也是英文的通例，如puppy（小狗）、foal（小马）、duckling（小鸭）和gosling（小鹅）。

英文里的动物名称复杂，让人看得云里雾里。接下来我们轻松一下，看看这些英文的"牛"，贡献了哪些常见又有趣的习语。

与cow有关的，有have a cow（暴跳如雷，字面义为"生了一头牛"），美国俚语，可能是母牛产崽的过程痛苦不堪，由此引申而来；holy cow（天啊，字面义为"圣牛"），表惊讶的感叹词，可能是holy Christ（神圣基督）的转音，用以避免亵渎；till the cows come home（很久很久，字面义为"直到牛都回家"），口语，牛爱吃草，动作慢，要一大群牛都离开草地回家，肯定费时甚久。

与bull有关的，有a bull in a china shop（冒失鬼，字面义为"瓷器店里的公牛"），体积庞大、头上长角的公牛进了狭小的瓷器店，肯定会把满屋的易碎品撞个稀巴烂，形容人冒冒失失；take the bull by the horns（迎难而上，字面义为"抓住公牛的角"），指的是人在面对朝自己猛冲而来的牛时不逃避，反而伸手抓住它的角与之搏斗，从而展现出不畏艰险、勇于面对问题的精神。

与ox有关的，有as strong as an ox（体健如牛，字面义为"像公牛一样强壮"），ox是役用的公牛，是拉货、驮重物的家畜，身体一定要十分强壮，否则无法胜任。

希望大家在身体上能"体健如牛"（as strong as an ox），态度上要像牛一样"乐观、有信心"（bullish），碰到任何困难险阻，都要发挥大无畏的精神，抓住牛角“迎难而上”（take the bull by the horns）。体魄健康，心态正面，诸事可成。

（四）英文里的中国虎

虎乃百兽之王，是亚洲特有的物种。中国境内目前分布最多的是东北虎（Manchurian tiger，又称 Siberian tiger）和华南虎（South China tiger）。这些英译都是固定说法，大型英文辞书都有收录。

虎，通称老虎，英文为 tiger。虎的拉丁文学名是 Panthera tigris，前一部分 Panthera（豹属）是分类学上的属名，是英文 panther（豹）的源头；后一部分 tigris（虎）是明确范围的修饰语（即“种加词”或“种小名”），用来表示豹属动物里的虎种，英文的 tiger 即源于此。

底格里斯河（Tigris）位于西亚，为古文明的发源地之一。河流名称 Tigris 和老虎 tiger 密切相关，均来自古伊朗的阿维斯陀语（Avestan），意思是“箭”。底格里斯河河水奔流，湍急如箭，老虎伏踞扑向猎物，也迅速如箭。

关于老虎在分类学上的定位，我再简单科普一下，顺便介绍相关的英文说法。需要留意的是，原本是拉丁文的动物类别，在此已转为相应的英文单词：

界（kingdom）：动物（animal）

门（phylum）：脊索动物（chordate）

纲（class）：哺乳动物（mammal）

目（order）：食肉动物（carnivore）

科（family）：猫科动物（felid）

属（genus）：豹属动物（panther）

种（species）：虎（tiger）

接下来我们从语言文化方面来谈谈“虎”。

“虎年”英文的标准说法是 Year of the Tiger。生肖年的英文一般被视为专有名词，所以虎年和鼠年、牛年一样，Year 和 Tiger 这两个实词的首字母通常大写，而 of 和 the 这两个虚词则全部小写，Tiger 的前面加定冠词表示泛指，所以 the 不应省略。另外，在文章中，词组的最前面经常要加定冠词，写成 the Year of the Tiger，用以限定 Year 的范围和内涵。如果作为独立的标示语，那么这个居首的定冠词需要省略，以基本的形态 Year of the Tiger 面向受众。

tiger 除了“老虎”的本义之外，还有一些常见的意思，我们可能都不太熟悉。其一是“勇猛如虎的人”，指的是凶猛无畏、积极进取、势在必得的人，从老虎的特性引申而来，形容词是 tigerish（勇猛如虎的）。其二是“虎经济体”，指的是上世纪八九十年代经济腾飞的东亚地区或国家，全称是 tiger economy。另有意思相同、以龙来比喻的 dragon economy（龙经济体），或称 little dragon（小龙），也可简称 dragon（龙）。英文之所以选择用 tiger 或 dragon 来指称腾飞的经济体，是源自中文成语“龙腾虎跃”。

tiger 是统称，泛指老虎，若特指母老虎（雌虎），要用 tigress。中文里用来比喻悍妇的“母老虎”不是 tigress，常用的首推 dragon（没错，西方龙也有“悍妇”的意思），另有 virago（文学用语）、termagant（正式用语）、shrew（老式用语）、Xanthippe（赞西佩，苏格拉底之妻，以凶悍出名）等词。

提到母老虎，就难免让人想到美籍华裔蔡美儿（Amy Chua）。身为耶鲁大学教授的她在 2011 年出版了畅销书《虎妈战歌》（*Battle Hymn of the Tiger Mother*），推广高压的育儿方式，在西方世界引发了广泛的热议。关键词 tiger mother（虎妈，简称 tiger mom）也因此家喻户晓，被收录进英文词典，如 OED。但书证显示该词并非蔡美儿首创，早在 1907 年就有用例了。

中文用“纸老虎”来比喻外表强大凶狠，而实际空虚无力的人或集团。英文借用了中文的“纸老虎”，把它直译为 paper tiger，毛主席 1946 年的名句“一切反动派都是纸老虎”被译为“All reactionaries are paper tigers.”，让这个词在英语世界的知名度大增，许多英文词典都有收录。与大众认知有所出入的是，OED 的书证表明，paper tiger 早在 1836 年就出现了第一个用例，出处是英国外交官约翰·弗朗西斯·戴维斯（John Francis Davis，汉名德庇时）写的《崩溃前的大清帝国》（*The Chinese*，中文版由光明日报出版社于 2013 年出版），书证的原文是“A blustering, harmless fellow the Chinese call ‘a paper tiger’.”（气势汹汹、没有危害的家伙，中国人称之为“纸老虎”。）。

如果 paper tiger 是虚有其表，那么 tiger team（老虎团队）便是货真价实的专家组合。为了完成特定的任务，由某领域专家所组成的团队就叫 tiger team。

OED 明载，to ride a tiger 直译自中文成语“骑虎难下”（after the Chinese proverb “He who rides a tiger is afraid to dismount.”）。英文保留成语的前半部分，用 to ride a tiger 比喻事情中途遇到困难，为形势所迫，又难以中止。这个骑虎的比喻在英语世界知名度颇高，除了 OED 之外，许多其他权威英文词典都有收录。英文中还有一个固定习语 to have a tiger by the tail（虎尾难放），意思同 to ride a tiger。试想一下，武松打虎却抓到虎尾，没抓住要害无法将其制服，但又不能松手以防老虎反扑，大概就是这种感受了。

许多英文词典还收录了 Tiger Balm（虎标万金油），今称清凉油。这是一种芳香药膏的商标名，百余年前由华人胡文虎在南洋研制，并把他名字中的“虎”嵌进商标，产品风行世界，至今不衰。

（五）猪年的英文

猪年，英文的标准说法是 Year of the Pig，有几个看似琐碎的细节，值得大家留意。

首先，如前文所书，与鼠、牛、虎一样，猪年（Year of the Pig）的 Pig 前面有个定冠词，实词 Year 和 Pig 的第一个字母大写，虚词 of 和 the 则习惯全部小写。因语法的要求，在某些场合中，Year of the Pig 前还得加上定冠词，写作 the Year of the Pig。如 2018 年 12 月 28 日的美国《新闻周刊》（*Newsweek*）有一篇讲中国新年的文章，开头就做了介绍：“2019 年的中国新年（庆祝活动）于 2 月 5 日开始，持续到 2 月 19 日为止。根据中国十二生肖的周期，春节起就算正式进入猪年了。”（The Chinese New Year, 2019 version, starts on February 5 and runs until February 19. Officially, it will be the Year of the Pig, according to the Chinese 12-year animal zodiac cycle.）

在没那么正式的场合里，Year of the Pig 也可颠倒词序，省去虚词，简化为 Pig Year 或是 Pig year。比如《新闻周刊》的同一篇文章中，在讲到“太岁”（Tai Sui）时解释了一个人的本命年（birth year that matches their animal），提到过本命年的人需特别留意自己的言行举止（pay special attention to their conduct every 12th year of their lives），并以猪年为例：“也就是说，虽然对大多数人而言，猪年据信是个吉年，特别在金钱方面，但对属猪的人就没那么好了。”（In other words, although a Pig year is thought to be fortunate for most people, particularly where money is concerned, it's not going to be so great for people born in previous Pig years.）

和中文“猪”对应的英文一般就是 pig（美式英语常用 hog）。pig 是成年猪，性别不拘，是个最普遍的单词。如要强调成年的公猪，英文说 boar，boar 也表示野猪，有时写作 wildboar。如要强调成年的母猪，英文说 sow（韵同 how）。至于小猪，一般说 piglet（-let 为后缀，意为“小”，如 booklet），不再区分性别。乳猪是还没断奶的小猪，英文是 suckling pig，这里关键的 suckling，本义是还在“吸”（suck）母乳的“小”（-ling）动物。

swine（单复数同形）也表示“猪”，这是个专业的英文单词，常见搭配如 swine flu（猪流感）、swine fever（猪瘟）。在某些场合也是个旧时代的词，常见的搭配如 swineherd（猪倌），现多用 pig farmer（猪农）。swine（猪）和 sow（母猪）看似八竿子打不着，却系出同源，都可以追溯到拉丁文 sus（猪），而 sus 也是分类学上猪的属名。

摒除专业意义与旧时代用法，swine 还是个常见的骂人字眼，指的是“下流胚”或“猪八戒”，如“Leave her alone, you filthy swine!”（不许你再缠着她，你这无耻的下流胚！）。在英式英语的口语里，swine 也可指难搞的事物，如“The car can be a swine to start.”（这辆车很难发动。）。有个常见的习语 cast/throw pearls before swine（明珠暗投，对牛弹琴，字面义为“把珍珠扔到猪面前”），猪不知珍珠的宝贵，借指人不识货。

与 swine 系出同源的名词 sow，作名词时读 /saʊ/，是“母猪”的意思；作动词时读/səʊ/，意为“播种”。二者发音不同、词源不同，宜仔细分别。有个常见的习语 make a silk purse out of a sow's ear（化腐朽为神奇，字面义为“用母猪的耳朵做真丝的钱包”），以劣材制精品，所以指化腐朽为神奇。

绕了一大圈再回到 pig。除了“猪”的本义之外，pig 的其他意思多属负面。若用来形容人，常指令人讨厌、肮脏、自私、贪婪、贪吃的人，如“You’re such an arrogant pig!”（你真是个傲慢的猪猡！）、“He’s a real male chauvinist pig.”（他就是个如假包换的大男子主义蠢猪。）、“They live like pigs in that house.”（他们住在那个猪圈似的房子里。）、“The greedy pig has eaten all the biscuits!”（那只馋猫把饼干都吃光了！）、“I made a pig of myself at dinner.”（晚餐时我狼吞虎咽，大吃特吃。）。

另外，pig 也是俚语里对警察的蔑称。在英国的口语中，后接名词的短语 a pig of a...指“非常困难的；极其讨厌的”，如“I’ve had a pig of a day at work.”（我这一天的工作难熬死了。）。

在这诸多表达负面观感的用法之后，pig 倒是有个童话般的习语 pigs might fly（搞不好猪能飞上天，英国用法）或 when pigs fly（等猪飞起来的那一天，美国用法）。猪怎么可能会飞？所以这个习语的意思类似中文的“太阳打西边出来”，言下之意是事情不可能发生，如“— This time I think he’ll ask me to marry him!”（我觉得这次他会要我嫁给他！）“— Yeah, and pigs might fly.”（是啊，太阳还打西边出来呢。）。

猪是 pig，猪肉是 pork，借自法文 porc。与猪没什么关系的豪猪（porcupine）同样源于法文，指的是带刺（upine = spine，本义“刺”）的猪，之所以与猪扯上关系，应该是最初命名时的误解。

最后我们谈谈 hog。在提到动物“猪”时，美国人多以 hog 替代 pig。与豪猪一样多刺的小型动物刺猬（hedgehog），因其口鼻部像猪

（hog），出没于树篱（hedge）间，因此而得名。以下简单介绍几个 hog 的特别搭配和用法。

习语 go the whole hog 的本义是“以一整头猪的方式”，也就是把事情做全、做彻底，有“一不做二不休”之意，如“If we're going to have a party, we might as well go the whole hog and hire a band.”（如果我们要开派对，倒不如一不做二不休，干脆请个乐队。）。

复合词 road hog 的字面意思是“路猪”，指的是在道路上横冲直撞、危及他人的驾驶人。hog 作为动词，有“据为己用，霸占”之意，如“How much longer are you going to hog the bathroom?”（你还要占用浴室多久啊？）。

以上两个惹人厌的意思和用法，可能是从传统观念中猪“贪婪、自私”的本性引申而来的。但研究表明，猪其实很聪明，它们爱干净、善社交，可怜莫名背了这么久黑锅。

牡丹，moutan

二十四节气里，清明过后就是谷雨。公历4月20日左右，即农历三月，时值春末，天气趋暖，雨水增多，有利于谷类作物的生长。雨生百谷，是谓谷雨。

宋代欧阳修的《洛阳牡丹记》有云："洛花以谷雨为开候。"谷雨前后，为洛阳的牡丹花季，繁花盛开，芳华缤纷。"唯有牡丹真国色，花开时节动京城。"唐代刘禹锡的《赏牡丹》，让人想千里赴花会，一睹这撼动京城的天香国色。"有此倾城好颜色，天教晚发赛诸花"，刘禹锡的《思黯南墅赏牡丹》，似乎又在催人动身前往洛阳，到南郭伊水头的归仁里，去欣赏那瓣瓣层叠的洛阳花。

英国知名学者迈克·哈沃斯-布斯（Michael Haworth-Booth）也有深厚的牡丹情结。他在《牡丹，一曰木芍药》（*The Moutan or Tree Peony*）一书中写道："在中国艺术里，每个月份都有其代表花，牡丹就是三月的花。"（In Chinese art each month is represented by a flower, and moutan is specifically the flower for March.）这里指的就是农历三月，暮春孟夏之交，牡丹花开之时。

关于牡丹的英文，迈克·哈沃斯-布斯用了moutan，音译自汉语的"牡丹"。这个拼写有传统威妥玛式拼音的痕迹（以t代d），且首音节mou疑似是"牡"字的旧读（音"某"，《广韵》莫厚切）。另一种说法是，moutan的拼写受到了法文的影响（ou = u，t = d）。这样的臆测并非空穴来风，150年前法国词典学家埃米尔·李特雷（Émile Littré）的《法语词典》（*Dictionnaire de la langue française, 1863–72*）就对牡丹下过定义（其中的植物分类不同于现行者）：“牡丹木本芍药，原产中国，芍药属牡丹种，俗称木芍药，毛莨科。”（moutan, pivoine ligneuse originaire de la Chine, poeonia moutan, Sims, dite vulgairement pivoine en arbre, renonculacées）

迈克·哈沃斯 - 布斯在使用 moutan 作书名时，似乎担心英语世界对其不够熟悉，便以 tree peony（木芍药）训释，补充说明。在他眼里，牡丹的英文以音译的 moutan 居首为主，以意译的 tree peony 居次为辅，这也是 OED 的做法。

1933 年第一版 OED 就以正常规格的主条目收录了 moutan，1989 年的第二版加以增补，持续编纂中的第三版于 2003 年对词条进行了全面修订。目前 OED 中的 moutan 词条提供了充分而完整的信息，发音、词频、词形、词源、定义、书证无一不备。相比之下，tree peony 在 OED 中只是个列在主条目 tree 底下的副条目，除了书证之外其余从缺，仅以简短的“即牡丹”（=moutan）一笔带过。moutan 为主、tree peony 为辅的态势，在此一览无遗，不言自明。

OED 在 moutan 的定义最后指出，牡丹“亦称牡丹芍药”（also moutan peony）。是故，OED 给出了 3 个牡丹的英文名，按主次先后，依序为 moutan、tree peony、moutan peony。

翻开市面上的汉英词典，牡丹的英译鲜少例外，几乎全是 peony（芍药属），这个结果并不理想，因为芍药属是一类，包含了芍药和牡丹，并不专指牡丹。

我手机里有两个常用的词典 APP，一个是“新牛津英汉双解大词典”，一个是“新世纪英汉汉英大词典”，应该是“唯二”的例外。键入“牡丹”搜索，都返回了 moutan 这个英译。原因很清楚，这两个 APP

都是基于双解版英语词典开发的，原版词典就收录了 moutan，进行双解加工时出版社将之译为“牡丹”，先进的逆向检索利用数据加标，让我们能够通过汉语译文轻松反查英文原文。

牡丹的拉丁文学名是 Paeonia suffruticosa（灌木状芍药属），这是个分类学上标准的二名法。前面的 Paeonia 为“属名”，指的是一个类别，意为“芍药属”。Paeonia 是英文 peony 的来源，出自希腊神话“众神的医生”之名。后面的 suffruticosa 是“种名”，是个修饰前面属名的形容词，意为“灌木状的”。

生物若无常见的英文俗名，习惯以拉丁文学名作英文名。二名法的学名偏长，挪作英文名时常加以简化，只取第一个词以属名行之。然而牡丹并非如此。牡丹有英文俗名，即音译的 moutan（牡丹），意译的 tree peony（木芍药），以及音义结合的 moutan peony（牡丹芍药）。

英国的园艺举世闻名，最权威的机构当属 1804 年成立于伦敦的皇家园艺学会（Royal Horticultural Society，简称 RHS）。RHS 的历史逾 200 年，是世界上最大的非营利园艺组织，长年致力于推动园艺、园林等方方面面的发展。RHS 出版了为数众多的书籍杂志，其中包括英文园艺的辞海——《皇家园艺学会园艺植物百科大全》（*The Royal Horticultural Society A-Z Encyclopedia of Garden Plants*）。这本园艺百科图文并茂，介绍了 100 种左右的芍药属植物。在介绍牡丹时，在拉丁文学名 Paeonia suffruticosa 之后加注了英文俗名 moutan，随后在形态描述中，又以 tree peony 强调牡丹的木本特征，有别于芍药（herbaceous peony）的草本特征。

在 RHS 的另一本《皇家园艺学会园丁植物花卉百科》（*The Royal Horticultural Society Gardeners' Encyclopedia of Plants and Flowers*）里，牡丹也得到了类似的待遇，拉丁文学名后立即加注英文俗名 moutan，

描述形态时以 tree peony 突出其木本特征。不一样的是，这本园丁百科有个“植物词典”（The Plant Dictionary）的附录，牡丹的英文只收了 moutan，未收 tree peony。

《汉语大词典》是这样解释牡丹的：“著名的观赏植物。古无牡丹之名，统称芍药，后以木芍药称牡丹。”由统称的芍药（peony），进而析出木芍药（tree peony），后以牡丹（moutan）之名通行天下，汉英两种语言在牡丹名称的发展上，展现出了诸多相仿之处。

宋代周敦颐在千年前曾谓，彼时“世人甚爱牡丹”。他口中“宜乎众矣”的牡丹，在经盛而衰、由衰复盛的起伏之后，如今又重获世人的喜爱。“花开花落二十日，一城之人皆若狂。”白居易的《牡丹芳》，有如刘禹锡的《赏牡丹》，让人闭起双眼，脑中尽是绝美的想象。何妨谷雨时节奔赴洛阳，在绿叶丛中探访甲天下的朵朵牡丹，自是天香扑鼻，盈衣满袖。

你了解 Halloween 吗?

每年的 10 月 31 日是西方的 Halloween，人们习惯在这一天玩“不给糖就捣蛋”（trick or treat）的游戏。这原本只是西方的节日，局限在美国、加拿大、英国等几个英语世界国家，而今向遥远的东方扩散，跋涉千山万水，传到中国，广受欢迎。

许多人习惯把 Halloween 称为“万圣节”，但这有待商榷，因为追本溯源，Halloween 指的其实是“万圣节前夕”。万圣节是 All Saints’ Day（所有圣徒之日），是在 11 月 1 日的一个基督教的节日。

就词源而论，Halloween 的前一半 hallow 与 holy（神圣的）同源，本指“圣人，圣徒”，此义现在已很少见。倒是 hallow 作为动词用的过去分词 hallowed，现在还能以形容词之姿散见各处，意为“神圣的，受尊崇的”。Halloween 的后一半 een 也藏有玄机，这是 e’en 省掉撇号的结果，而 e’en 又是 even 之略（字母 v 省略，在原处加撇号），本指“夜晚”。是故，Halloween 原拼为 Hallowe’en，读作/ˌhæləˈwɪn/或/ˌhɒləˈwɪn/。

基础单词 even 有许多意思，其中有个词源不同的名词义项，意为“夜晚”，与德文的 Abend 密切相关。只不过这个表“夜晚”的 even 是古语，现在基本不用，中小型词典不收，只在大型词典中查得到。另外，表“晚上”的 evening 就由 even 加名词后缀 -ing 而成，表“前夕”的 eve 就由 even 省略尾音而来。

真正的万圣节（All Saints’ Day，古称 All Hallows’ Day）在 11 月 1 日，人们大肆庆祝的 Halloween 其实在前一天，即 10 月 31 日的晚上。因此，Halloween 译为“万圣节前夕”更为贴切。但就像人们习惯将

Christmas Eve（圣诞节前夕）略为“圣诞夜”一样，Halloween 不妨也循例简称为“万圣夜”。可语言不像数学和逻辑学那样严谨周密，常有意外之举，且“约定俗成”又是一股左右语言方向的巨大力量。如果大家都习惯将 Halloween 称为“万圣节”，最终的结果可能只得请正牌万圣节 All Saints' Day 改个名了。

除了 Halloween 和 Hallowe'en 之外，这个节日在不同时期、不同地区还存在着许多其他的称呼，如 All Saints' Eve、All Hallows' Eve、All Hallows Eve、Allhallows Eve、All Hallow Eve、All Hallow Even、Allhalloween 等，不一而足，让人眼花缭乱。总之，只要看到 all（万，所有）、hallow/saint（圣，圣徒）、een/e'en/even/eve（夜，前夕）等几个关键词，大概就八九不离十了。

接下来我们看看与 Halloween（万圣夜）相关的习俗和语言。

Halloween 类似于我们的中元节，是个与灵异、鬼怪有关的节日。原本与基督教无关，起源可追溯到古凯尔特人的萨温节（Samhain）。萨温节是古凯尔特人庆祝新年的节日，在每年的 11 月 1 日，标志着冬天由此开始。萨温节的前一天（10 月 31 日）是古凯尔特人的除夕，据说流浪在外的亡灵幽魂会在当天晚上回到生前的家，巫婆、地精、黑猫、鬼魂、恶灵也会利用黑夜在世间游走。这个节日和基督教的万圣夜碰巧落在同一天，异教徒的风俗影响了基督教节日的内涵，最后二者汇流，逐渐世俗化，并于 19 世纪末随着移民传到了美国和加拿大。因此，现在很多万圣夜的风俗，都可以在古凯尔特的仪式里找到根源。

古凯尔特人相信，亡灵会在 10 月 31 日的夜晚重返人间，所以生者会在当天穿上奇装异服，游行驱鬼。当时的欧洲有为亡者布施糖果的风俗，接受者则需答应以“为亡者祈祷”作为回报，于是发展出孩子们到各家索取糖果的习俗。

如今的万圣夜，虽然还与恶灵鬼怪有关，不过已渐逐演变，许多时候更像狂欢的嘉年华。在盛行万圣夜的英国和北美，儿童们变装结伴玩耍，入夜后挨家挨户地敲门，跟屋主人玩“不给糖就捣蛋”的游戏。成年人也借机玩一把：有的穿传统的恐怖服装，有的走公主、牛仔的创新路线，更有甚者变身影视明星或公众人物，热闹非凡。

另外，雕刻南瓜也是一项重要活动，源自爱尔兰的传说，与恶魔有关。杰克南瓜灯（jack-o’-lantern）是万圣夜的必备品，通常以橙色的大南瓜雕刻而成，先把南瓜内部挖空，再于表面雕出人脸的形状，最后在万圣夜时放入点燃的蜡烛。

有些地区的人会特意把家布置成鬼屋，将自家院子装饰成坟墓。有些地方会举办万圣夜派对，为了营造阴森、恐怖的氛围，还会在食物的造型和颜色上做文章。派对上经常会玩“咬苹果”的游戏，就是将苹果放入盛满水的水盆或水缸里，参与者用牙齿将浮在水面的苹果咬出，就算胜利。

万圣夜融合了诸多元素，时而恐怖严肃，时而可爱调皮，有吃也有玩，难怪让许多人着迷。

感恩节，准备吃大餐了吗？

11 月的第四个星期四是美国的感恩节（Thanksgiving，全称 Thanksgiving Day）。对大多数美国人而言，感恩节是除圣诞节之外最重要的节日。近年来，由于圣诞节商业化严重，重视家庭团聚的感恩节反而更受珍视。

美国历史上第一个感恩节于 1621 年举办，迄今已有 400 年的历史。

1620 年 9 月，经历了一个多月的意外与延宕，名为“五月花号”（Mayflower）的客船从英格兰南部的普利茅斯启航。船上满载着百余名清教徒（即 Puritans，现称 Pilgrims“朝圣者”，又称 Pilgrim Fathers“朝圣先辈”），在海上遭遇了不少风浪险阻，于同年 11 月抵达了北美新大陆，最后在现今的马萨诸塞州建立了普利茅斯殖民地。

抵达之后，迎接他们的是更为严酷的寒冬和险峻的疫情。没有足够的食物果腹，加之传染病肆虐，一大半人因而丧命。隔年，也就是 1621 年，在当地印第安人的协助下，清教徒移民学会了农耕渔猎，不仅得以温饱，还喜获丰收。殖民地总督邀请邻近的印第安人前来参加他们丰收节的庆祝活动，与所有的移民展开了一连三天的盛宴同欢。幸存的清教徒感谢季节的丰厚赠与，感谢印第安人的热情相助，感谢上帝帮他们熬过这一年的灾祸困顿，让他们得以从谷底翻身，渐入佳境。这，就是第一个感恩节。

Thanksgiving 是美国的核心节日，OED 自然收录了该词，各个义项按历史原则依序排列，先从本义“道谢”开始，再是由此引申出的“感恩祷告”，接着才是“感恩节”。在给感恩节下定义之前，OED 精简扼要地记述了这个节日的来龙去脉：“普利茅斯移民于 1621 年举行第一次的庆祝活动。在美洲经历了一年的搏斗与匮乏之后，他们借此感谢第一次的丰收。这个用法先在新英格兰普及开来，独立战争后扩展到中部诸州，之后传到西部，南北战争之后再逐渐传到南部。从 1863 年开始，总统每年都建议举国欢庆这个节日。”（The first celebration was held by the Plymouth colony in 1621, in thankfulness for their first harvest in America after a year of struggle and privation, and the usage became general in New England. After the Revolution, it extended to the Middle States, and later to the West; after the Civil War gradually to the South. Its national observance has been annually recommended by the President since 1863.）

在美国，感恩节的到来，也开启了所谓的“节假日季”（holiday season）。从 11 月下旬的感恩节起，经历 12 月下旬的圣诞节，直至新年伊始的元旦假日止，历时长达一个多月。

美国人过感恩节，一般是全家团聚，缅怀当年“五月花号”先民的种种，并感谢上苍的赏赐与厚爱。一顿丰盛的大餐是节日必不可少的环节，现今的人们仍保留了第一个感恩节的菜单。由于历史原因，这顿大餐多由美国本土食材制成，如烤火鸡（roast turkey）、蔓越莓酱（cranberry sauce）、火鸡填料（stuffing 或 dressing）、马铃薯泥（mashed potatoes）、南瓜派（pumpkin pie）等。

感恩节大餐的火鸡，英文特称为 Thanksgiving turkey，是餐桌上的重头戏，因此感恩节也俗称为“火鸡节”（Turkey Day）。美国人感恩节吃火鸡，就如同中国人端午节吃粽子一样，是个根深蒂固的文化传统。

关于主角火鸡，数十年来有个噱头，每每成为感恩节的焦点。从 1947 年起，美国的“全国火鸡联盟”（National Turkey Federation）都会在感恩节前夕敬献一只活火鸡给总统，以便感恩节当天能登上“第一家庭”的餐桌。不过自 1989 年老布什开始，这个仪式就转变成了火鸡赦免（turkey pardoning）大典，在媒体镜头的大量关注下，这只“幸运的火鸡”喜从美国总统的手中获得新生，被送回去度过短暂的余生。

感恩节吃的火鸡一般是完整的一只，在被送进烤箱之前，火鸡里会塞满填料，烤完之后把填料取出，作为一道配菜。火鸡填料的主要原料是面包丁（crouton）或面包屑（breadcrumb），常加洋葱（onion）、西芹（celery）、鼠尾草（sage）或其他植物调味料（herbs and spices）。当然，盐和胡椒用以提味增鲜，必不可少。需要注意的是，烤好的一整只火鸡就像北京烤鸭一样，需要有人“片”，这个动词英文多用 carve，千万不要把它翻成“雕刻”，以免贻笑大方。片下来的火鸡肉味道偏淡，需要蘸酱来吃，最传统的搭配莫过于甜味浓郁的蔓越莓酱，二者的搭配犹如北京烤鸭遇上甜面酱，相得益彰。

烤火鸡是感恩节大餐的主菜（main dish），此外还有许多配菜（side dish）。除了上述填料之外，经典的还包括马铃薯泥配肉汁（gravy）、番薯（sweet potato）、抱子甘蓝（Brussels sprout）、玉米（corn）、四季豆（green bean）、南瓜派等，不一而足。

除了大餐，纽约市梅西百货（Macy's）的游行也是感恩节的特色之一。当天上午 9 点，梅西感恩节大游行（Macy's Thanksgiving Day Parade）在曼哈顿举行，以大型的人偶气球为主题，走街穿道，声势浩大。

感恩节的隔天俗称“黑色星期五”（Black Friday），是个引发采购狂潮的购物节。“黑五”开启了美国一年中最忙碌的圣诞节购物季（Christmas shopping season），盛况堪比我们的“双十一”。

感恩节虽是西洋的节日，但感恩也是我们中国人重视的核心品德之一。了解西洋节，怀抱中国心。饮水思源，我们之所以能有今日，也要忆苦思甜，常怀感恩！

闰日的语言启示

闰年有366天，2月有29天。这四年一次的2月29日，中文叫“闰日”，英文叫leap day。“日”对应day，难道“闰”的英文就是leap?

“闰”的本义是“余”，就是“剩下，多出来”的意思，在古文中也有“延长，增添”之意。如“四更过情未足，情未足夜如梭。天哪，更闰一更儿妨甚么！”（《红绣鞋》，[元]贯云石）和“红鸾运，红鸾运，喜乐事，今番闰”（《奈何天》，[清]李渔）两句中的“闰”字，都折射出积极乐观的态度。

地球公转一周的时间为365天5时48分46秒，阳历把一年定为365天，所余时间约每4年累积成一天，加在2月里，所以会有闰年、闰日的说法。

leap day的字面义为“跃日”，也就是“跳过日子”，乍看之下难以理解。OED的词源指出，leap day的源头是leap year，而闰年的英文之所以称为“跃年”，是因为在这一年里，2月以后的节日都会“跃”过本该降临的那个日子。

举例说明。平年的圣诞节假设是星期一，隔年倘若还是平年，那么这一年的圣诞节就会后挪1天到星期二（365天=7天×52周+1天）；隔年倘若是闰年，圣诞节就会后挪2天到星期三（366天=7天×52周+2天），“跃”过本该落在的星期二。因此，闰年也就是“跃”过预期某日的一“年”。

跃，就是跳跃，甚至是飞跃。预示着闰年过后会有一个飞跃反弹。有意思的是，反弹的英文rebound本义是“跃回，弹回”，前缀re-是

“回”，词根 bound 是“跃”或“弹”。另一个单词 resilience（弹性，韧性）也颇为神似，本义是“跳回”，前缀 re- 是“回”，词根 sil 是“跳”，词尾 -ience 是名词后缀。rebound 和 resilience 的核心意义是“跃”或“跳”，隐约透露着，人和社会就像皮球，是有韧/弹性（resilience）的，碰到的挫折越大，反弹（rebound）的力道也就越强。

闰年（leap year），闰日（leap day），无论是中文还是英文，都揭示着将有好事发生，将会强势反弹。

二、人物篇

此中人语云

amen（阿门）有性别歧视?

美国联邦众议院规定了在院内必需实行“性别包容”（gender-inclusive）的语言政策，禁止使用“性别化”（gendered）的字眼。这个措施原立意良善，却因此爆发了一起事件，引来各界议论纷纷。

在某次会议上，受邀在新会期开议前带领做祷告的议员兼牧师以常规的 amen（阿门）做结束语，随后他居然莫名加了个 awoman，让大家错愕不解。此事逐渐在网络上发酵，各路媒体广泛报导，这位议员也成了网民调侃的对象。

其实，amen 跟 men（man 的复数形式，意为“男人”）没有一点关系，而是源自希伯来语，用来表示同意或肯定，或可翻成“心愿如此”“诚心所愿”。

这位议员兼牧师在说完 amen 后停顿了两秒钟，把第二音节的 men 换成“女人”的单数 woman，一个前所未闻的新词 awoman 就这样诞生了。联邦众议院的院内语言新规刚开始施行，这样做究竟是有意还是无心，是刻意还是无知，或许只有他自己最清楚。我们赞同“性别包容”，然而过犹不及，也要避免走极端，以免招来反挫（backlash）。

英语中的性别问题一直让人困扰，经有识之士数十年来的努力，成效开始显现，新的用法慢慢为大家所接受。英语这门语言一直以来都以男性为中心，用表男性的词汇代表全体。现在这一情况正在逐渐转向，不再独尊男性，所以许多词典都会开辟专栏，引导大众掌握性别中立（gender neutrality）的语言，以下举几个例子。

提到统称的“人类”时，尽量避免使用 man、mankind 等突出男性的词，改用 humanity、human beings 等性别兼容的词。

提到职业名称时，也应避免使用 waitress（女服务员）、policeman（男警察）等有性别标记的词，改用 server（服务员）、police officer（警察）等中性的词。

在表达性别皆可、性别不定、性别保留的第三人称单数代词时，应避免用 he（或相关的变化），可以用 they（复数 they 不论性别作单数用，或相关的变化）、he or she（或相关的变化）来代替。如果觉得此举别扭，也可改写为复数，因为复数就没有这样的问题了。

语言里的性别是个值得重视的议题。时代在发展，因循守旧会让人不适，甚至觉得受到冷落和歧视，加深不当的刻板印象，因此尊重不同群体至关重要，值得我们不断学习。

英文的中性 TA

OED 一直以“季度更新”的方式持续在线修订，于每年的三、六、九、十二月下旬逐批公布增修后的新词新义。2019 年 3 月增收了两个中性的 TA，一个是 hir（读如 here，意为“宾格 TA”或“TA 的”），另一个是 zir（读如 zeer，韵同 beer），意思与用法同 hir。

以 zir 为例，这个中性 TA 横跨代词与形容词两个词性，OED 的定义可综合为：“用作中性的第三人称单数宾格代词/所有格形容词（限定词），对应的是主格代词 ze。”[used as a gender-neutral third person singular objective pronoun/ possessive adjective (determiner), corresponding to the subjective pronoun ‘ze’.]

传统来说，英语的第三人称单数代词有三个，即 he（他，变化从略）、she（她）和 it（它）。近数十年来，性别中立成为英语世界的时代思潮，去性别化（degendering）成为语言使用的指导准则，“以阳性代表全体”的语法概念受到挑战，泛指的 he 被批评带有性别歧视。

在这样的思潮下，英语尝试以各种方法进行自我调整，避免反映在代词上的性别有所偏颇。在性别不明、不想明示性别、男女皆可，或男女兼有的情况下，第三人称单数代词出现了 he or she（他或她）、s/he（他/她）、单数 they（复数 they 不论性别作单数用）、泛指 she（阴性 she 作男女皆可的泛指）等策略，林林总总，不一而足。

除了在既有框架下变通、挪用之外，英语也尝试了另造新词等种种努力，各式点子百花齐放，OED 最新认可的 zir 和 hir 就是这类尝试的产物。

OED 指出，hir 是由 him（宾格“他”）和 her（宾格“她”）掐头去尾缩合而成，出现得比 zir 早。而 zir 则是各取了 ze（读如 zee，韵同 bee）和 hir 的一部分组合而成。ze 是 OED 在 2018 年 6 月新增的 TA，是个中性第三人称单数主格代词。ze 的首字母 z 未见于其他代词，可巧妙地避开不必要的联想，ze 的末字母 e 同 he 和 she，有着第三人称单数代词的共同特征。此外，ze 也受到德语 sie（读如 zee，意为“她”“他们”）的影响，第三人称代词的色彩鲜明。

ze、hir、zir 真的有人用吗？答案是肯定的，正是有了充足的语料证据，OED 才会基于描述语言现状的职责，将其收录纳编，并为每个新词精选了 3 至 5 条代表性的书证。以下列举一些书证，附上详细日期和来源出处，以此作为佐证。

关于 ze 和 hir，OED 引用了加拿大《环球邮报》（*The Globe and Mail*）2016 年 7 月 14 日的一则报道，文中提到了跨性别（transgender）人士波代斯基（Podesky）不愿被固化性别的想法：“被视为男性的波代斯基说，TA 之所以决定保留 TA 的女性名字艾玛，是因为 TA 觉得这样能迫使其他人去思考叫艾玛的人可以是什么长相。”（Mx. Podesky, who passes as male, talked about hir decision to keep hir feminine name, Emma, because ze felt that it would force others to think about what an Emma could look like.）

比 hir 稍晚的 zir，OED 引用了 2018 年 7 月 25 日社交网站“推特”（Twitter）的一条推文（tweet），“推客”（tweeter）的昵称是@TopHat8855：“我孩子今天忘了带水壶去营队，所以我只好去买了一个。我把水壶递给 TA 的时候，我说‘你欠我一块两毛五’。”（My kid forgot a water bottle for camp today so I had to go buy one. When I handed it to zir, I said, ‘You owe me $1.25.’）

社交网站的文字也能成为 OED 的书证来源？是的，媒体的形式日益多元，语言的载体也在改变。OED 对于语料的采撷也必须与时俱进，跨出传统的书报杂志，才能掌握语言的最新动态。

至于这几个中性 TA 的前景，OED 引述了美国《华盛顿邮报》（*The Washington Post*）2016 年 1 月 10 日的一篇报道，加以总结预测：“在我女儿的有生之年，性别特指的代词听起来将会像 thee 和 thou 一样古老过时，ze、zir 或未来的某个新词将会取而代之，此发展看来似乎大有可能。”（It seems entirely possible that in my daughter’s lifetime, gender-specific pronouns will sound as archaic as ‘thee’ and ‘thou’, supplanted by ‘ze’ or ‘zir’ or some neologism of the future.）

我对这几个中性 TA 的未来持保留态度。人称代词是使用频率最高的单词之一，ze、zir、hir 或其他类似的发明看似合理，但它们的异质性太强，违和感过重，恐怕难以让广大的母语人士普遍接受。

另外，常用的 he or she 和 s/he 累赘拗口，为人诟病已久。泛指 she 原本是女权主义对泛指 he 的回敬，模仿旧时“阳性 he 指称两性”的做法，虽有一定程度的流通，却复制了 he 曾有的问题，容易让人分心、产生误解，也不利于传播。

我倒是看好自古即有的单数 they（其他变化从略），这是个旧词，旧用法，虽然仍有批评它“不合语法”的杂音，不过与其他选择相较，这个的阻力明显小了许多。OED 的书证表明，单数 they 的用法首见于 1375 年，使用历史迄今已有 600 余年，期间未曾中断，因着性别中立的思潮现在更显活力，在英语世界日益普遍，就连中小型的英语词典也都予以收录认可。

语言的发展难以预测，关于英文的中性 TA，最后究竟谁能胜出，让我们拭目以待。

英文的“新鲜人”和“新女人”

“新鲜人”直译自美式英文 freshman，在大学里指的是大一生，大二生是 sophomore（智愚兼备者，=soph “wise” + mor “foolish” ），大三生是 junior（资浅者，=younger），大四生是 senior（资深者，=older）。美国的四年制高中也有相同的说法，用以指称高一到高四的学生。

英式英文在此与美式英文有所不同。在英式英文里，大一生是 first-year student（简称 first year），大二生是 second-year student（简称 second year），大三生是 third-year student（简称 third year），大四生是 fourth-year student（简称 fourth year）。

在美式英文里，二、三、四年级的说法都没有争议，不过一年级生的 freshman 却因为词尾有个 man（男人），在强调性别中立的时代思潮下，开始显得突兀。

man 本指“人”，男女皆可。在 freshman 一词诞生的 16 世纪，女性大学生还是凤毛麟角。然而社会在变，语言也在变，man 作“男人”解的用法现已居主位，女大学生的数量也早与男性旗鼓相当。因此，部分人士认为，如果继续因循守旧，坚持 freshman 的 man 是“人”，强调 freshman 反映了早期的社会现状，似乎有点强词夺理，甚至有不尊重女性的嫌疑。

就如同“主席”chairman 改为 chairperson（或简化为 chair），“警察”policeman 改为 police officer，“消防队员”fireman 改为 firefighter，“邮差”mailman 改为 mail carrier，“新鲜人”freshman 也出现了类似的应对之策。OED 于 2021 年 3 月公布了年度第一季的修订新增，其中就

有 freshman 的女性版 freshwoman、性别中立替代词 freshperson 与其复数 freshpeople，以及英式口语的 fresher。

我们必须了解，词典是滞后反映语言现状的。语言在发展，词典的任务是监测搜集、去芜存菁、忠实记录，并以专业的方法加以提炼呈现。OED 的这批“新鲜人”词语已在社会上通行多年，只是借此机会公告周知而已。

值得留意的是，美国有些大学已经改弦更张，正式放弃以男性为中心的 freshman，采用性别中立的 freshperson 或英式英文 first-year student（也用简称 first year）。不过也有人笑称此举小题大作，似乎过于敏感了。目前 freshman 仍是主流。

在 OED 的这批更新清单里，还收了一个特殊的词：womxn（女人，单数读如 woman，复数读如 women）。之所以会出现这样的词，一方面是避开原本内含的 man，另一方面又以代表未知数的 x 来展现新词能够包容不同的可能性。不过事与愿违，womxn 不仅被批毫无必要，原本想要体现包容，现在反而造成了不同程度的排他。

woman 前一半的 wo 是 wife 的变体，原指“女性，女人”（今义“妻子”是后来才出现的），后一半的 man 原指“人”，不分性别。性别意识和政治正确，让 woman 这个词，也不免受到了冲击。

语言的发展，总在错误尝试、跌跌撞撞中，不断往前推进。

父亲（father），爸爸（papa），爹（dad）

父亲节（Father’s Day）源自20世纪初的美国。1910年，华盛顿州庆祝了全世界第一个父亲节。1972年，美国总统尼克松正式签署文件，将每年6月的第三个星期日定为美国的父亲节。全球各地的父亲节日期虽有不同，但多数参照了美国的先例，同样定在6月的第三个星期日。

父亲，father；爸爸，papa。这两组词语中的中英文音近义同，似乎有点关联。另外，一些方言口语中的“爹”和“大”，也与英文的dad音近义同。这是怎么回事？事实上，这些表面的近似，反映的是深层的“语言共性”（language universal）。不仅father（父亲）、papa（爸爸）、dad（爹，大）如此，mother（母亲）更是个绝佳的经典案例。

我从初中一年级才开始学英文。那时发现，有同学对课本里的音标深感头痛，就用汉字标注，以利发音，方便记忆。其中有个例子让我印象深刻，至今不忘：mother，妈的。

青少年时期的我瞪大双眼，觉得实在神奇。一方面赞叹于同学的想象力，另一方面讶异于中英文的音义对应。“母亲”的英文mother念起来居然就像“妈的”，意思还一样。

原本的神奇赞叹，逐渐转化为一颗好奇的种子，从此深埋心中，直到我读了语言学博士。因个人兴趣以及研究所需，我遍查资料，交叉比对，赫然发现，那位初中同学的直觉，竟是我读到博士才知道的语言共性。

西方的词源学者普遍认为，mother由mo和ther组成。前一半的mo意思是“妈”，世界各地的语言几乎都有类似的音义，后一半的ther则是印欧语系所特有的，用以表示亲属称谓，或可翻成“亲，亲属”。因此，追本溯源，mother 的本义就是“妈亲”。

mo 是现代英语的拼法，反映的是 ma 的发音，其确切来源不详，有专家推测，这可能是由婴儿吃母乳时发出的声音演变而来的。双唇微闭，鼻腔畅通，是人类最基本的口鼻模式。此时声带振动，发出的音就是双唇鼻音 /m/，继而张开嘴巴，我们听到的就是类似 ma 的音节。妈妈怀抱婴儿喂母乳，婴儿本能发出声音 ma，就被妈妈联系到了自己，认为是对自己的称呼。

ther 也是现代英语的拼法，意思是“亲人”，背后源头的基本形式是 ter。英文里常见的例子还有 father（父亲，fa + ther）、brother（兄弟，bro + ther）、sister（姐妹，sis + ter）。

“父”如同 fa，“爸”如同 pa（或拼为 ba），双唇音/p/是源头，唇齿音/f/是后起的，/p/到/f/的演变，可以用格林定律来解释。

另外，“爹”和“大”就如同 da（或拼为 ta），英文的 dad（爹）源自幼儿语的 dada，而 dada 则是 da 的重叠形式（另如 ma → mama，pa → papa）。

研究表明，在语言习得的进程中，ma、pa、ta 都是婴幼儿最早掌握的几个音节。人类用 ma（妈）来指称关系最亲密的母亲，用 pa（爸）和 ta（爹，大）来指称父亲，这是跨语言、跨文化的共性。

“混血儿”的英文

“混血儿”的英文该怎么说？跨种族通婚并不罕见，这类夫妻所孕育的下一代，在英文中有许多说法，我们需要留意辨别，恰当使用，否则轻则闹出笑话，重则激化矛盾，不可不慎。

“混血儿”有好几个英文对应词，有些带有负面色彩，代表着不赞成、不认同，甚至轻视鄙夷。说话时或行文中如使用了这些词，有如骂人不带脏字，是对当事人的贬低侮辱，会使人反感，甚至引发冲突。

英文里关于“混血儿”的负面词，常见者条列如下，清单不求详尽。字面义的注释，根据的是我对单词成分的理解。语体标签（如“冒犯语”）和附加说明主要依照 OALD，同时参考了朗文（Longman）、柯林斯（Collins COBUILD）、剑桥（Cambridge）、麦克米伦（Macmillan）、韦氏（Webster）等高阶学习词典，以及其他英美出版的权威单语词典。一般而言，这些词用作名词、形容词皆可，连字符（-）可有可无，并非绝对。另外，彰显含义的语体标签大致如此，但我们仍须留意，对语言的感觉和判断可能因人因地而异，也可能因时空背景不同而改变，并非板上钉钉那么绝对。

half-breed（半个品种），禁忌语、冒犯语，特指父母一方为白人，另一方为印第安人，与 half-blood 同义。

half-blood（半个血统），禁忌语、冒犯语，特指父母一方为白人，另一方为印第安人，与 half-breed 同义。

half-caste（半个种姓），禁忌语、冒犯语，特指父亲为欧洲白人，母亲为印度人。

mulatto（小骡子，即驴和马交配所生的杂种），过时语、冒犯语，特指父母一方为白人，另一方为黑人。

hybrid（杂交种），多指动植物或无生命的事物，一般不指人。

cross-breed（杂交品种），多指动植物，一般不指人。

mongrel（杂种狗），贬损语。

“混血儿”也有不少不带负面色彩的中性说法，这类词有不同的侧重，使用时也应仔细辨别。

英文里关于“混血儿”的中性词，常见者条列如下，清单不求详尽。这些单词的相关信息与上文有着相同的依据。一般而言，这些词同样可用作名词、形容词。需要留意的是，语感、习惯可能因人而异，也可能因时空而有所不同。

biracial（双种族的），多用于北美。

multiracial（多种族的）

mixed（混合的），只用作形容词，置于名词前。

mixed-race（种族混合的）

mixed-blood（血统混合的）

dual heritage（双重遗产），多用于英国。

Eurasian（欧洲和亚洲的），特指父母一方是亚洲人，另一方是欧洲白人。

Amerasian（美国和亚洲的），特指父母一方是亚洲人，另一方是美国白人。

mestizo（混合的），特指西班牙人和印第安人混血的拉丁美洲人。

关于“混血儿”，OALD 中有一小段说明：“有些人自称为‘种族混合’（mixed-race），有些人喜欢用‘混合’（mixed）、‘双重遗产’（dual heritage，尤其在英国）、‘双种族’（biracial，尤其在美国）或者‘多种族’（multiracial）。如果需要谈论个人背景的话，有些人觉得最好要明确具体，譬如说‘我母亲是日本人，我父亲是爱尔兰人。’”[Some people describe themselves as mixed-race; others prefer to use mixed, dual heritage (especially in the UK), biracial (especially in the US) or multiracial. Some people think it is best, if it is necessary to talk about a person's background, to be specific: My mother is Japanese and my father is Irish.]

中文描述“混血儿”的词语相对单一，英文则复杂许多。通过上述例子归纳，大原则是，“半”“杂”偏向负面，“二”“多”“混”相对中性。用动植物比喻人是负面，明确内涵是中性。这些词语的含义与细微差别，值得我们学习掌握。

“儿童”的英文闲话

儿童节（Children’s Day）是为儿童特别制定的纪念日，世界上许多国家都有这个节日，日期、名称因地而异。全球约有 50 个国家或地区将这一节日定在 6 月 1 日，全称是“国际儿童节”（International Children’s Day），在中国又称“六一儿童节”。另有约 50 个国家或地区在 11 月 20 日庆祝儿童节，全称是“世界儿童日”（World Children’s Day）。美国的儿童节定于 6 月的第二个星期日，由基督教（新教）教会所办，有专为儿童设计的仪式和活动。

“儿童”的英文是 child /tʃaɪld/，复数形式在词尾加 -ren 变为 children /ˈtʃɪldrən/，而不是加 -s 的 childs。这是个不规则变化，不只后缀的 -ren 独特，连词干的元音都变了（/aɪ/→/ɪ/）。这类不规则现象，大多是历史遗留原因。倘若难以从语言研究的“共时角度”解释，从“历时角度”出发或许是条出路。

child 是古英语时代就有的固有词，最早读作/tʃɪld/，后来经历了英语史上知名的“元音大推移”（Great Vowel Shift），元音发生改变，变成了现在的/tʃaɪld/。复数的 children 未受音变的影响，词干的元音基本保持原貌。

至于拼写方面，原本是在 child 后加上当时的复数后缀 -er 成为 childer，但时间久了，大家误以为 childer 是单数，便在此基础上又加了复数后缀 -en 成为 childeren，同时受到 brethren（教友们，brother 的另一个复数形式）的影响，调整而成现在的 children。需要留意的是，-er 和 -en 都是早期英语的复数后缀，现在已经废弃不用，但英语的近亲德语还保留着，比如Kind/Kinder（儿童/儿童们）和Frau/Frauen（女人/女人们）。英文单词ox（公牛）的复数oxen，就留有古代的复数后缀-en。

上文提到的德文单词Kinder（儿童们），是英文单词kindergarten（学前班）的前半部分。kindergarten一词借自德文，kinder就是children（儿童们），garten就是garden（园地），所以kindergarten的本义就是children's garden（儿童们的园地）。有了这个例子，复数后缀-er也就不那么陌生了。

另外，kindergarten常被翻成“幼儿园”，其实不妥，容易让我们望文生义，造成误解。美国的义务教育总说K-12（读作K to twelve），K就是kindergarten，是小学开始之前的一个年级，类似小学学前班，所以K-12就是“从学前班到12年级（高三）”。中国的幼儿园分小班、中班、大班，比较接近英文的preschool（学前学校）或nursery school（保育学校）。

回到儿童本身。“儿童”的英文除了标准用语child之外，还有一些相关词汇，整理条列如下：

kid（小孩），非正式用语，和child同义。

kiddie（小朋友），非正式用语，比kid更亲昵。也拼为kiddy。

kiddo（小子），非正式用语，称呼语，用来称呼小孩子或朋友。

little one（小家伙），非正式用语，和kid同义。

young one（小家伙），非正式用语，和kid同义。

youngster（孩子），非正式用语，和child同义，也可笼统地指年轻人。

infant（婴儿），正式用语，医学术语，指不满一岁的婴儿。

baby（婴儿），一般用语，和infant同义。

newborn（新生儿），一般用语，指刚出生的婴儿。

bundle of joy（快乐的包袱），非正式的玩笑用语，常隐含婴儿带来麻烦。

toddler（学步儿），一般用语，指 1～2 岁，正在学走路的孩童。

tot（小小孩），非正式用语。

preschooler（学龄前儿童），特指幼儿园（preschool）的小朋友。

preteen（小少年），特指 11～12 岁的儿童，在青少年（teenager，13～19 岁）之前。

subteen（小少年），特指 11～12 岁的儿童，和 preteen 同义。

preadolescent（青春期前少年），专业术语，女生约 10～12 岁，男生约 11～13 岁。

brat（臭小子），非正式用语，轻蔑语或玩笑语，指没规矩、讨人厌的熊孩子。

whelp（兔崽子），古语，称呼男孩子的轻蔑语。本指小狗（现用 puppy）。

mite（小东西），非正式用法，尤指可怜的小孩或小动物。

urchin（穷孩子），过时用法，尤指衣着脏破、无家可归的穷小孩。

看似简单的"儿童"，英文居然有这么多常见说法。这些语词，有年龄段的不同，有正式程度的差异，还有一些带上了情感色彩，使用时需留意辨别。

宁波帮的“帮”怎么译?

我曾应邀在宁波讲学，在欢迎晚宴上，有老师提到学校对面“宁波帮博物馆”的英译，说馆方用的是 Ningbobang Museum，问我怎么看。

博物馆“宁波帮”的英文居然不用意译，反而诉诸音译的 Ningbobang，这倒让我有点诧异。

咸鲜合一的宁波美味在前，我不自觉地放下碗筷，顿时陷入思考，大脑开始快速运转。不待我回神答复，几位老师就已经展开了热烈的讨论，趁着空档，我抛出了关键词 mafia，建议不妨把“宁波帮”翻成 Ningbo mafia。在座的老师一阵静默，无人接腔，我也就此打住，毕竟这是设宴接风，重在情感交流，不是学术研讨，非得要引经据典，辩个明白。

我建议把“宁波帮”翻成 Ningbo mafia，或许会让人感到错愕，因为大家对 mafia 一词多半存有成见。这可以理解，毕竟我也是这样走过来的。

上世纪 90 年代，我在美国读博，第一次听到美国同学在讨论 Harvard mafia（哈佛帮）和 Yale mafia（耶鲁帮），简直不敢相信自己的耳朵。长久以来，我的认知很单一，认为 mafia 就是意大利的“黑手党”，是个源自西西里岛的黑社会组织。随着意大利的移民来到美国，黑手党在美国，特别是在纽约，也有了一定的势力。美国的黑帮电影《教父》（*The Godfather*）拍了三部，既叫好又叫座，雄踞美国影史的前列，更是加深了我对 mafia 的印象和了解。

当时我对 Harvard mafia 和 Yale mafia 的第一个反应是，真的假的?

世界顶尖的美国名校也有黑手党？继续听下去，才意识到自己的理解可能有误。从语境线索判断，他们指的似乎不是黑手党，而是与该校密切相关的一群人、一股势力，或杰出校友，或知名教授。我趁机询问，得到的回答印证了我的推测。

事后，我赶紧跑图书馆，查阅英文词典，词典对此记录在案，才确认是自己所知不足。美国同学给我上了一课，让我学到了 mafia 这个“势力集团”的旧词新义。

宁波帮本是宁波商帮的简称，后来将在各专业领域叱咤风云的宁波籍人士都归纳了进来。餐桌上关于“宁波帮”英译的讨论，让我回忆起 20 多年前的往事，才会有 Ningbo mafia 的建议。

当年的印象固然历历在目，但个人经验难以复制，想法也容易流于主观、失之偏颇，欠缺普遍性与说服力，因此还得引经据典，提出可供检验的证据。

美国大型英文词典《韦氏第三版新国际英语大词典》（*Webster's Third New International Dictionary of the English Language, Unabridged*，俗称《韦氏大词典》，简称 W3）明载，首字母大写的 Mafia 是黑手党，或是类似的秘密犯罪集团，也可以小写，转喻为势力集团，意为“利益相近或背景相似，在特定领域或行业中声名显赫的一群人”（a group of people of similar interests or backgrounds prominent in a particular field or enterprise）。如此看来，这个引申义的 mafia 就像是宁波帮的“帮”。把它套进 Harvard mafia 和 Yale mafia 来解读，一切就豁然开朗了，指的是特定圈子里的“哈佛势力”和“耶鲁势力”。

或许有人质疑《韦氏大词典》过于庞大，收录的单词释义太专太细、罕见少用。那我们不妨换个方式，通过中型词典来检验结果。高阶学习词典（advanced learner's dictionary）是英文词典的一个重要类别，旨在协助非母语者学习英语。其规模适中，收录的是核心单词释义，看看它们对 mafia 的解释，便可见分晓。

《韦氏高阶英语学习词典》（*Merriam-Webster's Advanced Learner's English Dictionary*，以下简称《韦氏高阶》）与《韦氏大词典》系出同源，反映的也是美国英语的现况。《韦氏高阶》对 mafia 的处理与《韦氏大词典》类似，唯精简许多。首字母大写的 Mafia 是意大利或美国的秘密黑社会组织，首字母可小写的 mafia 则引申为"势力或影响力庞大、在特定领域或行业里关系密切的一群人"（a group of closely connected people who have great power or influence in a particular field or business）。这个 mafia 的引申义可作"帮"来解，为各种势力集团的统称，由此再次得到了证实。

以 mafia 来对应"帮"看似贴切，然而情况未必如此简单。

同类型的高阶学习词典另有五大品牌，即牛津、朗文、麦克米伦、剑桥和柯林斯 COBUILD。他们都收录了 mafia，给出的释义就是势力集团。只是这 5 本词典的英国血统鲜明，对于美国特色的 mafia 或多或少带有自己的态度和立场。牛津说 mafia"用权力为自己谋取有利的条件"（who use their power to get advantages for themselves）。朗文说 mafia"互相扶持，彼此保护"（who support and protect each other）。麦克米伦说 mafia"私底下互相帮忙，彼此保护"（who secretly help and protect each other）。剑桥说 mafia"互相帮忙，彼此保护，有时对他人不利"（who help and protect each other, sometimes to the disadvantage of others）。柯林斯释义最负面，说 mafia"不让人认同，因为他们用不公平或非法的手段来获取自己想要的东西"（who you disapprove of because they use unfair or illegal means in order to get what they want）。

持平而论，作引申义用的 mafia 在美国较无负面色彩，指的是领域、行业里的势力集团。英国的看法有所不同，认为 mafia 带有程度不一的贬义。对语言的看法有所分歧，实乃常态，不足为奇。

英式英语和美式英语同中有异，对同一单词或短语的解读时有不同，例子不少，兹举其一。短语动词 cater to 在美国是中性的说法，意为“满足（某人的需求）”，在英国却有“迎合（低级品味）”的负面含义。

退一步说，mafia 的引申义可能给人负面的联想，而中文的“帮”字在某些语境下，也同样有类似的贬义色彩，如青帮、洪帮、帮派、帮会、帮规、帮伙、黑帮、匪帮、拉帮结派，等等。

综合《现代汉语词典》与《汉语大词典》所载，宁波帮的“帮”本乃“群伙、集团”之意，主要体现在两个方面：其一是帮会，也就是旧社会民间的秘密组织，如青帮、洪帮；其二是势力集团，也就是为某种目的、维护自身利益而结合起来的团体，如地区性的广东帮、福建帮，职业性的茶帮、丝帮。由此可见，“帮”这个词和 mafia 有着惊人的吻合度，就连可能存在的负面联想，也都如出一辙，可谓贴切传神。

不可否认的是，纵使有这些理性的论述，把“宁波帮”翻成 Ningbo mafia 还是可能被人误解，所以英文的背景说明至关重要，有助于引导认知。翻译无定论。我虽有自认可取的主张，但也只是提出建议以供参考。

宁波帮博物馆采用了音译的 Ningbobang，潜台词是把“帮”视为难译或不可译的文化特色词。然而，若能在英文里找到合适的对应，音译的做法便略显牵强。况且，bang 是个基础的英语单词，意为“猛撞；巨响”，容易产生歧义、让人误解。

美国知名的汉学家托马斯·克里默（Thomas Creamer）主编的汉英对照《汉语新词新义词典》（*A Dictionary of New Chinese Words*），以 Ningbo gang 收录了“宁波帮”，并做了精简到位的介绍。与 mafia 相较，gang（帮派；犯罪团伙）的负面色彩似乎更浓。再者，Ningbo gang 也可能让人误以为是“宁波港”的音译。

“宁波帮”也有其他译法，如 Ningbo commercial group（宁波商业团体，较狭隘）、Ningbo merchants（宁波商人，较狭隘）、Ningbo group（宁波团体，较笼统）、Ningbo band（容易误解为“宁波乐队”，band 作“团伙”解时多作量词），各有优劣。

有学者建议把“宁波帮”翻成 Ningbo born，此乃音义合一的佳作（“宁波帮”的音加“宁波生”的义）。只是“宁波帮”在中文里是名词，Ningbo born 在英文里是形容词，以此对应，在语法上恐有破格之嫌。而且如此一来，每个宁波生人自动就入了宁波帮，范围过大，值得商榷。

宁波帮叱咤风云，影响力遍布全球，令人肃然起敬。然而宁波帮的英文名，至今仍莫衷一是，谨此就教于方家。

三、学习篇

学而时习之

除了 China，“中国”还有哪些英文名？

对于拉丁文 Sinica（中国的）大多数人都很陌生，同属一个词根的 Sino-（中国；中国的）则相对常见，如 Sino-Japanese（中日的）、Sino-American（中美的）。其他常见的相关词语还有 Sinologist（汉学家）、Sinophile（亲华派）、Sinophobia（恐华），等等。

一物多名乃语言常态，“中国”的英文自然也不例外。

“中国”的英文是 China（含派生词 Chinese），最早可能源自“秦”，但迄今未有定论。上述的 Sino- 也表示“中国”，但它是个无法独立存在的构词成分，来源同 China，只是传播的路径不同，导致最后的拼写也不同，是语言学上所谓的同源异形词。除了最常用的 China 和 Sino-，Chinese Empire 有时也可用来表示“中国”，但一般多指封建王朝时代的中国。

英文对“中国”还有几个历史上的称呼，除了在古文献和特殊场景中能看到，现在基本已不再通行。Seres /'sɪrɪz/（中国人）为其一，派生出形容词 Seric /'sɪərɪk/（中国的），英文 silk（丝）即源于此。有学者主张，这些词的终极源头就是上古汉语“丝”。英国桂冠诗人约翰·德莱顿（John Dryden）曾经写道：“中国人如何能将其轻柔的毛林纺成一缕纤细的股线？”（How the Seres spin their fleecy forests in a slender twine?）单词 sericulture（养蚕业）就是由 seric（丝）和 culture（养殖；栽培）组合而成的。

Cathay /kæ'θeɪ/（中国）为其二，含派生的 Cathayan /kæ'θeɪən/（中国的/中国人），是个古称，源自千年前建立辽朝的“契丹”，在中亚的各种突厥语，以及俄语和许多斯拉夫语中都有类似的说法。Cathay 是古时对中国的诗意称谓，因此多见于诗歌，英国著名诗人约翰·弥尔顿（John Milton）、拜伦（Lord Byron）、丁尼生（Lord Tennyson），美国小说家威廉·福克纳（William Faulkner）都在其作品里使用了 Cathay 或 Cathayan。如今最知名的 Cathay，要数 Cathay Pacific（国泰航空）了。

Middle Kingdom（中国）为其三，直译自中文，现在偶尔还会作为 China 的别称，见诸英文书报杂志。然而 Middle Kingdom 有歧义，也可指古埃及历史上的“中王国时期”。

Celestial Empire（天上的帝国，天朝）为其四，中国自古以天朝自居，故名。单用的 Celestial 因此也表示“天朝人”和“天朝的”，美国小说家马克·吐温（Mark Twain）和亨利·詹姆斯（Henry James）在其作品中都有提及。

最后是一组异称，均翻译自中文的“华国”（“华”为“花”的古字）：Flowery Empire、Flowery Kingdom、Flowery Land、Flowery Nation。OED 收录了这些词语，绝大多数的书证都集中在 19 世纪，最后一条出现于 1901 年，刊登在加拿大《殖民者日报》（*Daily Colonist*）上：“中国的两家大公司已经派人到罗斯湾公墓，把已故同胞的遗体掘出，打算运回中国，那里是所有忠于华国的子民向往的长眠之处。”（Two of the big Chinese companies have had men at work at Ross Bay cemetery exhuming the bodies of their dead countrymen for shipment home to China where all loyal citizens of the Flowery Kingdom wish to have their last resting place.）

落叶归根，魂归故里。自古以来，许多中国人都是这么想的吧！

《牛津英语词典》上新，“汉字”有了新英文名！

2021 年 3 月，OED 收录了表示“汉字”的新英文单词 sinograph /ˈsaɪnəˌɡræf/。我们身处汉字文化圈的核心，日常阅读和书写都要用到汉字。因此，“汉字”的英文表达自然也与我们息息相关。最常用的是 Chinese character（中文的字符），如果上下文清楚，单用 character 也行。这两种说法行之有年，浅显易懂，早已约定俗成。只是 Chinese character 的表达有点间接，结构松散，像是可以随意替换的自由搭配。新鲜面世的 sinograph 精简直接、浓缩紧凑，还更显专业。

OED 在每年 3 月固定发布第一次季度更新。打开网站，网页的一角会显示更新条目，还有专门标注：这是一个新词条（OED 第三版，2021 年 3 月）。[This is a new entry (OED Third Edition, March 2021).]

古埃及“象形文字”的英文是 hieroglyph（=sacred carving，神圣的凿刻），美索不达米亚“楔形文字”的英文是 cuneiform（=wedge-shaped，楔子形状的），二者皆由希腊文和拉丁文的词根构成，紧凑精练。

试想，倘若我们把 hieroglyph 改为 Egyptian symbol（埃及的符号），把 cuneiform 改为 Sumerian character（苏美尔人的字符），这样虽浅白通俗，却也显得松散间接，宛如非正式的过渡名称。

汉字是拥有 3000 多年历史的古老文字，在世界文字体系里占据着重要地位。sinograph（=Chinese written symbol，汉语的书写符号）内含两个希腊文词根 sino-（中国；汉语）和 -graph（书写；图画），古韵十足，与 hieroglyph 和 cuneiform 有异曲同工之妙。

sinograph 的前身 sinogram /ˈsaɪnəˌɡræm/是个历史悠久的异体字，19 世纪中叶就出现了使用证据，OED 也早已收录入典。但据资料显示，作“汉字”解的 sinogram 已趋罕用，加之与表示“正弦图”和“窦腔 X 线照相”的 sinogram 拼法雷同，渐渐退出了历史舞台。sinograph 的出现恰好弥补了这份遗憾，其书证集中在最近的 20 年，当代重量级的汉学家梅维恒（Victor H. Mair）和杰出的青年学者白安卓（Andrea Bachner）都在自己的作品中使用过该词，新词尽显朝气活力，前途一片光明。

另外，日语中“汉字”的英文是 kanji，“平假名”的英文是 hiragana，“片假名”的英文是 katakana，这些词都来自日语音译，中大型以上的词典也多有收录。作为源头的中国“汉字”，是否也能像日语一样，以音译的 hanzi 通行英语世界、为权威词典所收，让我们拭目以待。

《牛津英语词典》收录了多少汉源词？

我研究 OED 多年，常有学界的前辈、朋友问我，在这部英语世界的词汇宝库里，究竟收录了多少源自中文的词语？

我在 2005 年曾经做过一个类似的研究，不过对象是规模较小的《牛津英语大词典》（简编本）（*Shorter Oxford English Dictionary*，简称 SOED）。SOED 共两卷，是二十卷完整版 OED 的节本，当年的统计数字是 250 个左右，详细的词表发表在《广东外语外贸大学学报》上。

如果简单地将数据同比例放大，认为两卷有 250 个词语，二十卷就有 2500 个，那就差之毫厘，谬以千里了。SOED 保留了完整版 OED 大多数的词条，只在词源、定义、书证等其他方面删节压缩。因此，要想知道 OED 收录了多少源自中文的词语，只能从头开始研究，没有捷径可走。

在开始研究之前，有几个观念须得界定厘清。

首先，什么是源自中文的词语？根据《现代汉语词典》所载，中文是“中国的语言文字，特指汉族的语言文字”。以此为标准，OED 收录的 Kalgan（张家口的旧称，用来指张家口特产的羊毛皮），因其源自蒙古语，我就觉得不该算。同理，Lhasa Apso（拉萨犬）源自藏语，也应排除在外。然而，hutung（胡同，威妥玛式拼音）就得算，因为“胡同”虽来自蒙古语，但其汉化已深，早已成为汉语词汇的坚定一员。Manchu（满族人；满语）虽源自满语，道理同上，也得算是源自中文的词语。实际的情况，并非这么黑白分明。碰到棘手的例子，我只能运用专业知识，在几分挣扎之后，迅速做出判断。

其次，什么样的词语才算是英文里的“外来语”？我认为“异化”较深的才算，这其中包含两大类。其一是音译词（即语音转写），如 wuxia（武侠）、char siu（叉烧，粤语）。2021 年 3 月 OED 的季度更新里，就加入了这样的一些音译词：chin chin（拱手作揖；问候；告辞；劝酒。源自“请！请！”）、chin-chin（chin chin 的动词）、ding（鼎，古食器）、Ding（定瓷）、Dingyao（定窑）、ting（亭）。其二是借译词（即逐字翻译），如 potsticker（锅贴：pot“锅” + stick“贴” + -er“名词后缀”）、iron rice bowl（铁饭碗：iron“铁” + rice“饭” + bowl“碗”）。同样，2021 年 3 月 OED 加入的 Boxer（拳民。做定语，常用于 Boxer uprising“义和团运动”），也是一个典型的借译词。当然，这部分在操作时，情况也没想象中清楚明了，还得根据自身的认知加以取舍，兹举数例。英文里有些音译词虽源自中文，却是通过其他语言进入英文的，如 tofu（豆腐，日文）、kaolin（高岭土，法文）。我基于理性，把这类词排除在外，做这个决定时，心中是有几分痛苦和不平的。

英文中还有一些依中文而造的借译词，它们的结构和内容并不严谨，如 red envelope（红包：red“红” + envelope“信封”）、bird’s-nest soup（燕窝：bird’s“鸟的” + nest“巢；窝” + soup“汤”）。遇到这种情况，我会依照 OED 的词源和定义，参考汉英词语之间的吻合度，做出综合判断。根据我的判断，red envelope 和 bird’s-nest soup 应被视为来自中文的借译词。

如果某个概念事物来自中国，但对应的英文采用了相对自由的意译，我便倾向于将之排除在外，如 Moon Festival（中秋节）、sticks of fate（签，求神问卜用）、Trimetrical Classic（三字经）、trigram（卦，八卦之一）和 lucky money（红包）。

身为 OED 的线上用户，我通过官网界面上的进阶搜索功能，配合地毯式的审阅与交叉求证，线上线下相结合，按照上揭的原则，花了近一个礼拜时间潜心钻研，终于整理出了最新的词表。OED 究竟收录了多少源自中文的词语？我的答案是，500 个左右。说左右，是因为我的一些判断，以及对派生词和复合词的取舍都带有主观性，还可能遗漏了部分词语。

我对这份词表的整体印象是，大部分词语既冷僻又专业，符合 OED“高大上”的气质。这 500 个词语按类别来看，政治有 50 余个，蔬果美食有 50 余个，考古文物有 50 个左右，民族语言有 30 余个，茶文化近 30 个，节庆生活近 30 个，哲学宗教 20 个左右，地方（特产）20 个左右，棋艺游戏 15 个左右，历史 15 个左右，情感表达 15 个左右，各色人等 15 个左右，音乐戏曲 15 个左右，朝代 15 个左右，商业货币 15 个左右，社会负面信息 15 个左右，中医中药 10 个左右，布料服饰 10 个左右，植物 10 个左右，动物 10 个左右，武术健身 10 个左右，建筑、度量衡、书法、自然物质 4 项均不足 10 个。

这是基于结果进行的分门别类，分类时也常碰到一些两难的情况。如地名，OED 收录的几乎都不是单纯的地名，而是后加名词用作定语，用以表该地的历史、语言、特产、风格等，因此在定其归属时仅能择一而为，有时只得武断。

2021 年 3 月，OED 的季度更新中和中国有关的词有 65 个（更新词条 56 个，新词条 9 个），以 Chin- 开头的有 28 个，依字母顺序分别是：

à la Chinoise（中国式的），新词条。

Chinadom（华夏；华人区），罕见词或历史用语。

Chinaman[1]（中国佬），贬义词。

Chinatown（唐人街）

Chinawoman（中国娘们），贬义词。

chiné（经轴印花）

Chinean（中国人；中文；中国的），不规范用语。

Chinenses（[作复数统称]中国人），废词。

Chinensian（中国的；中国人），废词。

Chinese-American（中美的；华裔美籍的；华裔美国人），新词条。

Chinese chequers 或 Chinese checkers（中国跳棋），新词条。

Chinese fire drill（混乱；等红灯时汽车乘客换座位的胡闹游戏），贬义词，新词条。

Chinese-like（中国似的；有中国特色的），新词条。

Chineseness（中国性；中国特色），新词条。

Chinesery（中国风；中国餐馆；中国菜），贬义词。

Chinesey（中国风的），贬义词，新词条。

Chinesian（中国人；中国的），不规范或幽默用语。

Chinglish（中式英语；中式英语的）

Chinish（中国的），不规范用语。

Chinist（中国人），废词。

Chink（中国佬），贬义词。

Chinky（中国佬；中餐馆；中国菜），贬义词。

Chinky（中国佬的），贬义词，新词条。

1 在遇到此类蔑称时，读者应注意鉴别，做到心中有数，方能有效应对，维护国家尊严。

Chino（中国佬），贬义词。

Chino-（中国的；中国人的；汉语的），构词成分。

chinois（中国人），废词；（漏勺）。

chinoiserie（中国风；中国风工艺品；中国风的）

Chinologist（中国学家）

以 Sino- 开头的有 30 个，依字母顺序分别是：

Sinaean（中国的）

Sinesian（华人的）

Sinetic（华人的）

Sinic（中国的；华人的）

Sinicism（崇中；中文词语）

sinicization（汉化），名词。

sinicize（汉化），动词。

sinicized（汉化了的）

Sinico-（中国的；中国人的；汉语的），构词成分。

Sinico-Japanese（中日的；日语里的汉语词），现多用 Sino-Japanese。

sinification（汉化），名词。

sinify（汉化），动词。

Sinitic（中国的；汉语族的；汉语族）

Sino-（中国的；中国人的；汉语的），构词成分。

sinogram（汉字）

sinograph（汉字），新词条。

Sino-Japanese（中日的；日语里的汉语词）

Sinologer（汉学家），废词。

sinological（汉学的）

sinologist（汉学家）

sinologue（汉学家）

Sinology（汉学）

Sinophile（亲华的；亲华派）

Sinophilia（亲华）

Sinophobe（恐华派）

Sinophobia（恐华）

Sinophobic（恐华的）

Sino-Soviet（中苏的）

Sino-Tibetan（汉藏的；汉藏语系）

Sino-Xenic（汉字词的；汉字文化圈的）

除了新增词汇，OED 还会通过修订、更新等方式，增加补充已有条目的意义。如 2020 年 6 月 16 日，OED 发布了当年第二次季度更新，其中出现了几个我们感兴趣的中国元素。

这批更新共涉及 400 余个词语，所做的增订中，spirit（精神；灵魂；鬼魂；烈酒）一词无疑是重中之重。其修订幅度大、范围广，最后的成品是一个拥有 163 个义项、短语、复合词的超大条目。负责修订的编辑马修·布拉登（Matthew Bladen）因而感叹，spirit 是他做过“最棘手、最烦人、困难透顶的条目”（the most awkward, frustrating, and downright difficult entry I’ve ever worked on）。

OED 彻底修订了 spirit，新增的副条目 spirit money（鬼魂钱）吸引了我的注意，直觉或与中华文化有关，键入一查，果真如此。OED 对 spirit money 所下的定义，理解起来就是我们所说的“纸钱”：“（在中国和中国语境下的宗教仪式和葬礼）仿造的钱，常以装饰纸制成，是焚烧给（或以他种方式用于）神祇或逝者的祭祀品。依传统信仰，这种钱能安抚神祇，也可供亡魂在阴间享用。”[(in religious ceremonies and funerals in China and Chinese contexts) imitation money, usually made of decorated paper, which is burnt (or otherwise used) as an offering to a deity or deceased person, in accordance with a traditional belief that the money will appease the deity or be used by the spirit of the deceased in the afterlife]

OED 引用了 4 条书证，最新的一条由英国剑桥大学的华人教授周越（Adam Yuet Chau）所贡献，出自他 2006 年的作品《灵验》（*Miraculous Response*）：“那堆黄灿灿的纸钱烧得像篝火。”（The pile of bright yellow spirit money burning like a bonfire.）

spirit money 的词源信息指出，读者可前往 hell money（地狱钱）处，和粤语的“冥镪”（míhngkéuhng）作比较，并建议另外参见 paper money（纸钱）。这条线索透露，spirit money、hell money、paper money 三者密切相关，值得深入了解。

顺藤摸瓜，先看 hell money。词源表明，hell money 一词仿译自（after）粤语的“冥镪”和普通话的“冥币”。OED 进一步说明“冥”为“暗”或“阴间”，“镪”和“币”皆为“钱”。同时立了标示，指引读者参见 spirit money 和 paper money。OED 给 hell money 下的定义，与 spirit money 大同小异：“（在中国和中国语境下）在葬礼上，或在纪念祖先的仪式或节日里，作为祭祀品焚烧的仿造纸钱。依传统信仰，这种钱可供亡魂在阴间享用。”[(in China and Chinese contexts) imitation paper money burnt as an offering at a funeral, or at a ritual or festival honouring ancestors, in accordance with the traditional belief that it will be used by the spirit of the deceased in the afterlife]

OED 为 hell money 引用了 2 条书证，最近的一条出自 2006 年 5 月的《中国经济评论》（*China Economic Review*）月刊：“坟上焚烧的数沓冥币有假人民币，假美金也越来越多。”（The wads of hell money being burned at the graves include both fake renminbi and, increasingly, fake US dollars.）

OED 收录的第三个相关词语是 paper money，字面浅显易懂，与汉语的对应直接严整，词源信息直言其仿译自汉语的“纸钱”。定义与前二者相去不远，只是内容更加精简：“（在中国和中国的语境下）作为祭祀神灵或逝者的仿造纸钱，通常用于宗教仪式或葬礼。”（in China and Chinese contexts: imitation paper money which is used as an offering to a god, spirit, or deceased person, typically at a religious ceremony or funeral）同时，OED 明确指出，paper money=spirit money，并在明显处标示，让读者自行参见 hell money。

OED 一共收录了 4 条 paper money 的书证，最近的一条出自 2013 年 4 月 5 日的《上海日报》（*Shanghai Daily*）：“[她]去墓园缅怀她父亲，在桂花树前焚烧纸钱，树下就埋着他的骨灰。”（[She] went to a cemetery to commemorate her father by burning paper money in front of the osmanthus tree under which his ashes are buried.）我请《上海日报》的友人查证后得知，这段书证虽然刊发于该报，事实上却是新华社的稿子，而且见报日期是 4 月 3 日，不是 OED 说的 4 月 5 日。

OED 精益求精，征集用户反馈后优化了资料的呈现，方便用户做研究，我才能有这些较为细致的发现，与读者朋友分享。

闽南语进入《牛津英语词典》

在2020年9月，OED新收录3个汉源词，它们并非来自汉语的标准语，而是来自汉语方言，进入英文的发生地也不在国内，而在海外。较精确地说，这些词是东南亚华人通用的福建话（Hokkien），也就是学术上所谓的闽南语，在东南亚当地为英文所吸收。

OED指出，闽南语贡献的这3个英文新词，两个源出新加坡和马来西亚，分别是bakkutteh（肉骨茶）和bakkwa（肉干），另一个bakya（木屐）源出菲律宾。

不懂闽南语的读者对此会感到陌生，但懂闽南语的读者，只要试着把拉丁字母按拼音规律念一下，便会发现异常亲切，若是再知道背后所代表的意思，那种自信和愉悦，肯定油然而生了。

以闽南语的标准来检视，这3个词的拼写都有待商榷，主要是bak/bah音节尾有无软腭音/k/的问题。另外，肉干的“干”，闽南语要读鼻化元音，但英文难以通过拼写反映，这里直接略去不标，写成kwa，可以理解，在此不究。其他的拼写细节涉及不同的转写体系，见仁见智，也姑且忽略。

这3个词为英文所借，已经是英文成员了。对于入籍英语的“乡亲”，闽南语人士虽有想法，但也难以置喙。其实相同的情况，在我们身边也时常发生，以汉语流行语“宅”字为例，加以说明。

“宅”这个词的源头是日语的“御宅”（平假名：おたく，罗马字标音：otaku），日语原义是“对对方或第三者的家或家人等的敬称”，上世纪80年代后引申出一新义，特指“对某个事物过于狂热或迷恋、了如指掌的人”。多用片假名「オタク」「ヲタク」表示。汉语借来之后，把它按照自己的理解加以引申运用，创造出“宅男”“宅女”“宅在家里”等词语和表述，这与日语大异其趣，日本人当然可以就此发表评论，却无权要求我们做出改变。综观古今中外，语言里多的是将错就错、习非成是、约定俗成的例子，此乃语言常态，不足为怪。

这3个源自闽南语的单词，已广泛使用于东南亚英文，OED只是描述客观现状，并在分析判断之后，予以整理收录。当然，正本清源也是OED的职责所在，所以在闽南语专家的指导下，OED的词源区块交代了正确的拼法，也补充了相关信息。

英文词典收录的音译汉源词中，来自标准语的官话词占最大一部分，剩下的方言词由粤语和闽南语瓜分。粤语以老侨社和香港为主要窗口，占方言词的大宗；闽南语则以新加坡、马来西亚、菲律宾为媒介，近些年来有急起直追之势。如2021年3月，OED发布的年度第一次季度更新中出现了toyo一词，我第一反应是“东洋”，这是个典型的日本名，如东洋轮胎、东洋工程公司等。点进去一看，居然是闽南语的“豆油”（酱油）。

OED的词条明载，新收的toyo借自菲律宾官方语言塔加洛语（Tagalog），再往上追溯，源头却是闽南语tau-iu。OED在词源里表明，tau是（soy）bean（黄豆），iu是oil（油），toyo就是soy sauce（酱油）。

在这次的更新清单里，还出现了两个源自闽南语的单词，只不过不是新词，而是在内容上有所修订。其一是从漳州话（Changchew）到马来语（Malay），再从马来语进入英文的sinseh（先生），指的是新加坡、马来西亚、印度尼西亚的“中医师或中药师”（a traditional Chinese physician or herbalist）。其二是 ginseng（人参），这个特别值得一提。英文的 ginseng 源自中文，这是学术界公认的事实，不过以往都认为，源头是中文的官话（Mandarin）或北京话（Pekingese）。这次，OED 在季度更新里加以修正，源头加入了闽南语 jin-sim。

早在两三百年前，闽南语就给英文贡献了几个词语，据 OED 所载，除了 bakkutteh、bakkwa、bakya、toyo、sinseh、ginseng 之外，闽南语血统的英文词语还有以下 24 个，合计 30 个：

tea（茶）

ketchup（番茄酱），汉字可能作“膎汁”或“鲑汁”，最初的成分完全不同。

bohea（武夷茶），汉字作“武夷”。

pekoe（白毫）

bihon（米粉）

lumpia（润饼），即“春饼”。

popiah（薄饼），即“春饼”。

pancit（面条），汉字作“便食”。

char kway teow（炒粿条）

mee（面；面条）

kopitiam（咖啡店）

nunchuck（双截棍），汉字作“两截”。

nunchaku（双截棍），同 nunchuck。

cumshaw（小费；小礼物），汉字作“感谢”。

kongsi（同乡会馆），汉字作“公司”。

sinkeh（新客）

shophouse（店屋）

Ah Beng（小太保），汉字作“阿明”。

ang moh（洋人），汉字作“红毛”。

ang pow（红包）

kiasu（怕输），汉字作“惊输”。

Amoy（厦门话）

Hokkien（闽南语），汉字作“福建”。

Teochew（潮州话）

见微知著，汉源词再度进入英文，虽是闽南方言，却体现了汉文化元素对英文词汇的持续影响。

英语词典中的洋泾浜英语

一般认为，洋泾浜英语是指蹩脚、不纯正，甚至不伦不类的英语，如 let me see see（让我看看），是个形容英语不标准的贬义词。

追本溯源，“浜”即河浜，在吴方言里指的是小河。洋泾浜原是上海黄浦江的一条支流，1916 年被填平，就是现在的延安东路。鸦片战争后上海开埠，自 19 世纪中叶起，洋泾浜成为英法两国租界的界河，以北为英租界，以南为法租界。洋泾浜也因其特殊的地理位置一跃成名，后来甚至成为租界的代名词。

当时英商相继涌入上海，与华人缺乏共同语言，双方又亟需交流沟通以便经商，于是产生了一种混杂着汉语的简单英语，语法不符合英语习惯，语音受汉语影响，多流行于没有受过正规英语教育的洋行职员、洋商帮佣、人力车夫、街头小贩之中。西洋人称这种混合语为 pidgin English（皮钦英语），pidgin 源自 business（商业）发音的讹化，华人则把它叫作“洋泾浜英语”，因其流行于当时人口结构复杂的洋泾浜周边一带而得名。

洋泾浜英语已成为历史，但我们仍可通过 150 余年前的一本《英话注解》略窥一二。《英话注解》是 1860 年出版的一本洋泾浜英语入门手册，用来与洋人沟通打交道，由旅沪的宁波商人编著，文风有如打油诗，以汉字给英语注音，用宁波话朗读，流传甚广，堪称此中经典，如今读来令人莞尔：

来是康姆（come）去是谷（go），

廿四洋钿吞的福（twenty-four）。

是叫也司（yes）勿叫诺（no），

如此如此沙咸沙（so and so）。

真崭实货佛立谷（very good），

靴叫蒲脱（boot）鞋叫靴（shoe）。

洋行买办江摆渡（comprador），

小火轮叫司汀巴（steamer）。

翘梯（tea）翘梯请吃茶，

雪堂（sit down）雪堂请侬坐。

烘山芋叫扑铁秃（potato），

东洋车子力克靴（rickshaw）。

打屁股叫班蒲曲（bamboo chop），

混账王八蛋风炉（daffy low）。

那摩温（number one）先生是阿大，

跑街先生杀老夫（shroff）。

麦克（mark）麦克钞票多，

毕的生司（empty cents）当票多。

红头阿三开泼度（keep door），

自家兄弟勃拉茶（brother）。

爷要发茶（father）娘卖茶（mother），

丈人阿伯发音落（father-in-law）。

《英话注解》虽不是洋泾浜英语的全貌，不过短短百来字却涵盖了当时华洋交流的常用词汇，让我们得以一窥交流初期劳动人民所做的努力。

这样的努力并没有白费。洋泾浜英语是19世纪通行于上海租界的混杂语言，虽大多已退出历史舞台，但仍有不少为上海话所吸收，以另一种面貌静静地留下了印记，有些甚至还发展成了普通话词语，如发嗲（发 dear，故作娇嗔）、肮三货（on sale 货，垃圾货）、瘪三（beg sir 或 beg say，无业混混）、老虎窗（roof 窗，屋顶天窗）。

“洋泾浜英语”的正式英译是 Chinese pidgin English，这是 pidgin English 的返璞词。易言之，pidgin English 原指“洋泾浜英语”，后来词义扩大，泛指各种类似的混杂英语，以致原本专指“洋泾浜英语”的 pidgin English 被迫调整，不得不另外冠上 Chinese 修饰，突出是“中国”的洋泾浜英语，以便与其他混杂英语区分。

这里的核心词 pidgin（皮钦语）就是个洋泾浜英语，不过现已华丽转身，成为当代西方语言学的重要术语，指的是语法简单、词汇量小、融入当地语言成分的混杂语，作为无共通语言者之间的桥梁，方便彼此沟通。

据权威的 OED 和韦氏所载，pidgin 一词最早出现于 19 世纪初的广州。广州是中国最早对外开放的口岸，当时的华人在广州码头与英商互动做买卖，吸收了 business（生意；商业）这个英语单词，并依自身的发音习惯将之调整简化：business 去尾成 busin，以 g 取代 z 而成 bigeon，b 讹化为 p 而成 pigeon（鸽子），为了与“鸽子”区分改拼为 pidgin。

pidgin 的书证首现于 1807 年，出自英国传教士兼汉学家罗伯特·马礼逊（Robert Morrison）的笔下（当时拼作 pigeon）。“丁卦领着我到一间菩萨庙，就是供奉菩萨的庙。他指着里头的偶像说：‘这个神掌管火“事”，火的“生意”’。”（Ting-qua led me into a Poo Saat Mew, a temple of Poo Saat. “This Jos”, pointing to the idol, said he “take care of fire ‘pigeon’, fire ‘business’”.）

19 世纪中叶上海开埠后，大量的英商舍广州取上海，真正意义的洋泾浜英语由此诞生、发展，最后不敌时代的潮流而式微、消亡。洋泾浜英语的词汇量极少，高峰时期也仅有 700 个左右。目前留存下来、载入权威词典、成为英语一份子的，据我统计约在 11 例，上述的 pidgin 就是其中之一，由此衍生出的复合词 pidgin English，或可视为间接的附加产物。

以下再举几例：

long time no see（好久不见）最为人知，使用也最广，一般英美人士都用，是非正式的口语词。long time（长时间）是地道的英语，no see（不见）却直译自中文，完全不符合英语语法。这样的四词组合早已为英语所收，1894 年就有文字记载了。

can do（能行），直译自中文的“可以”，这不是动词词组，而是个副词短语，功能、用法像英语的 OK，是个非正式的口语词。1845 年首见于文献，现仍广泛使用。

no can do（不行），直译自中文的“不可以”，此为 can do 的否定形式，功能、用法像英语的 no way（不可能）。1868 年首见于文献，现仍广泛使用。

look-see（看看），直译自中文，也有“查看”的意思，可作动词，但名词的用法更为普遍。1862 年首见于文献，现仍广泛使用。

chin-chin（你好；再会；干杯），译自中文的“请！请！”，表达的是中国人的礼貌与客套。1795 年首见于文献，是个过时的副词短语，口语词，现已很少使用。

chop-chop（赶快），译自官话的“快快”，或是粤语的“速速”。副词短语，首见于 1834 年，目前仍在使用中。

chow-chow（食物），译自中文的“炒炒”，因为中国人做菜时多把食材放在锅里炒。首见于 1795 年，现在多以简化形式 chow 为人所用，名词，口语词。

alleesamee（都一样），源自 all the same，首见于 1840 年。makee（让；使），源自 make，首见于 1719 年。muchee（多；很），源自 much，首见于 1723 年。此 3 例皆于词尾缀以 ee，表示中国人不会念词尾的辅音，非得后加元音不可，有着明显的调侃、贬损、冒犯之意，至今仍在使用中。

洋泾浜英语已大多成为历史，却在英语中保留了 11 个活化石，见证了中西语言交流从无到有、筚路蓝缕的过程，是一种具有特殊历史意义的中式英语。换个角度看，洋泾浜英语对沪语词汇的渗透数十倍于此，通过沪语再反馈到国语，这个维度的语言接触与影响，那就是另一个话题了。

从日文 kawaii（可爱）说起

许多国人虽没学过日语，但随口都能蹦几个日文单词，“卡哇伊”就是其中之一，日文一般写成“可愛い”，日语的罗马字标音作 kawaii，意思就是“可爱”。

可爱，用来形容人和事物漂亮、迷人，很容易就让人爱上，英文的 cute、lovable 或 adorable 都能表达这个意思。即便已经拥有了这 3 个基础、常用的单词，英文还是敞开了大门，欢迎日文音译的 kawaii 的加入。无论是从特大型的足本词典、中型规模的学习词典，还是介于二者之间的大型词典中，都能找到 kawaii 的身影。

针对某些深具外国文化特色的事物，英文中若找不到对应单词，便会直接借用外语，这是词汇翻译的常态。不只英文，其他语言亦是如此。然而日文 kawaii 的发展，却有点出人意料。它所代表的“可爱”虽有日本特色，却不是事物，而是用于情感表达与价值判断的词。再者，英文中也有现成的单词可与之对应。一般情况下，英文不至于借用。

英文词汇海纳百川，不同时期、不同来源的词语汇聚一堂，造就了当今的格局。英文词汇的开放性，我们可以通过另一个日语词 skosh，找到鲜活的例证。英文里表示“一点点”的词语众多，常见的有 a bit、a little、a little bit、a tiny bit、a small amount、somewhat、slightly 等。然而由于历史上的偶然，英文又吸收了日文的“少し”，日语的罗马字标音作 sukoshi，在简化发音和调整拼写之后，以 skosh 的形式为英文所用，现在多见于美国口语。

回到 kawaii，OED 于 2010 年首次收录 kawaii，把它定义为“可爱的，尤指被认为是具有日本大众文化特色的可爱；魅力迷人的；漂亮迷人的；可爱得引人注目的”（cute, especially in a manner considered characteristic of Japanese popular culture; charming, darling; ostentatiously adorable）。定义所陈述的，是 OED 根据自建的庞大语料库所做的分析判断。以 cute 突出重点，认为 kawaii 的本义就是英文的“可爱”，不同之处在于，这种可爱是日本大众文化的特色，是一种张扬式的（ostentatiously）可爱。

根据 OED 的书证，首载 kawaii 的英文文献是 1965 年的《纽约时报》（*The New York Times*），出现在新闻报道的标题“当东方遇见西方，日本人说它可爱”（When East Meets West Japanese Call It Kawaii）中。新闻内容讲述的是美国的女童装设计，让来访的日本时尚领袖惊艳，引发了热烈的反响。此时英文里的 kawaii，似乎还停留在日文的原始意思，尚未形成当今的文化现象。

1980 年代日本可爱风盛行。OED 援引 1986 年的《华尔街日报》（*The Wall Street Journal*），在一条书证里描述了这个现象：“当代的可爱风蓬勃发展。日文里是没有‘可爱过头’这个词的。”（Contemporary kawaii is flourishing. There is no Japanese word for ‘cloying’.）

OED 还收录了一条 1999 年的书证，描述的是上世纪 80 年代的事。文句出自《搭乘黑船：日本和东京迪士尼乐园》（*Riding the Black Ship: Japan and Tokyo Disneyland*），作者通过人类社会学的观点来回顾 10 年前的日本：“可爱风主宰了 1980 年代的日本大众文化。”（The kawaii style dominated Japanese popular culture in the 1980s.）

综合各种资料，自上世纪 70 年代起，“可爱”的风潮就开始酝酿，逐渐成为日本大众文化的重要元素。从 80 年代开始，这股潮流更是铺天盖地，渗透到各个层面，举凡饮食娱乐、衣着打扮、行为礼节，无不受其影响。后来随着文化的输出，这股可爱风也吹到了世界各地。如此看来，kawaii之所以能进入英文，绝非偶然，也不是单薄的个别事件。在其背后，有着一股坚实的文化力量作为后盾，更有着多条环环相扣的产业链在进行支撑。

近些年来，日语词emoji（表情图示）在英文里红透半边天，而emoji就是日文“绘文字”（えもじ）的语音转写。日本人发明了表情图示，英文直接采用了日语音译的emoji，图示文化又受到全球网民的青睐，emoji这个词才能有今天的地位。

除了kawaii和emoji之外，还有其他几个日语单词也在最近几年被OED正式收录，以下分别举例说明：

amae，日文作“甘え”，意思接近中文的“撒娇”，是日本精神分析学家土居健郎教授首创的概念，出自其标杆著作《“撒娇”的构造》（又译《日本人的心理结构》）。

amakudari，日文作“天下り”，可以理解为“官员空降”或“高官下凡”，指的是政府部门退休下来的大咖，受聘到私人企业，借助其先前在政府部门的关系或影响力，为企业牟取不当利益或取得特殊便利。

amazake，日文作“甘酒”，是日本传统的浊酒，由白米发酵制成，味道甘甜，酒精含量低，甚至不含酒精。

amigurumi，日文作“编みぐるみ”，意思是钩针编织玩偶。

anago，日文作“穴子”，国内的日本料理也称之为“星鳗”（学名“星康吉鳗”），是海鳗的一种，喜欢吃日料的饕客应该都不陌生。

这5个单词来自日文，被英文借用，广泛用于各式文本，所记载的媒体形式多样，时间跨度长，语言证据充分，因此被OED收录，成为英文词汇的正式成员。

Fighting!《牛津英语词典》韩流来袭

2021 年秋季，OED 发布了年度词语更新。包含 fighting（加油）在内，OED 增收了 26 个韩源词，新修订的韩源词条有 11 个。

英语里的外来词占比很高，然而十之八九都来自欧洲语言，东亚的中、日、韩三语贡献极小。根据我第一手的研究，汉源词约在 500 个。日语我未曾深入探讨，粗估或两倍于此。韩语毫无疑问，敬陪末座，数量屈指可数，我想到的只有 Hangul（韩字）、won（韩元）、taekwondo（跆拳道）、kimchi（辛奇；韩国泡菜）、bibimbap（石锅拌饭）、chaebol（韩国财阀）。本来对英语词汇影响甚微的韩语，这次异军突起，大批单词涌入 OED，可谓规模空前。

20 多年前，韩国文化产业兴起，催生了韩流（hallyu，也作 Korean wave），这股韩流由东亚酝酿发酵，逐渐扩散蔓延，最后席卷全球。作为国际通用语的英语，反映了这股潮流的发展，OED 侦测到了仿照 J-pop（日本流行音乐）而创造的新词语 K-pop（韩国流行音乐），也记录了代表 Korean（韩国的）的构词成分 K-。从最早的 K-pop 开始，进而衍生出 K-drama（韩剧），甚至还有 K-beauty（韩式美妆）、K-culture（韩国文化）、K-food（韩国食品）、K-style（韩国风格）等，不一而足，让人眼花缭乱。

以下条列 OED 这批新增的韩源词，中文翻译为我根据 OED 的定义、词源，并参考其他权威材料，综合判断所做，部分内容求教过上海杉达学院韩语教授（原上海外国语大学韩语系教授），仅此致谢。倘若翻译失当，那定是我理解有误，请各位见谅。

增收的韩源词：

aegyo（韩国嗲），韩国式的可爱，汉字“爱娇”。

banchan（韩式小菜），汉字“饭馔”。

bulgogi（韩国烤肉），韩语固有词，bul“火”，gogi“肉”。

chimaek（炸鸡配啤酒），英韩缩合词，英文 chicken“鸡肉”+韩源词 maekjoo“麦酒”。

daebak（横财；巨款；赞；棒），意外获得的大笔财富，也用来表达赞赏，汉字或作“大富”。

dongchimi（冬辛奇），冬天吃的一种韩国泡菜，汉字或作“冬菜物”。

fighting（加油），韩式英语。

galbi（排骨），牛肋排，烧烤常见食材，韩语固有词。

hallyu（韩流）

hanbok（韩服），韩国的传统服装，汉字“韩服”。

japchae（韩式拌粉丝），汉字“杂菜”。

K-（韩国的），缩略自 Korean，作构词成分，居词首。

K-drama（韩剧），Korean drama 之略。

kimbap（紫菜包饭），kim“紫菜”为韩语固有词，bap的汉字作“饭”。

Konglish（韩式英语），缩略自 Korean English。

Korean wave（韩流），由 hallyu“韩流”直译而来。

manhwa（韩国漫画），汉字作“漫画”。

mukbang（吃播），吃东西直播，muk“吃”为韩语固有词，bang 的汉字作“放”。

noona（姐），男性称呼较年长的女性，韩语固有词。

oppa（哥），女性称呼较年长的男性，韩语固有词。

PC bang（韩国网吧），PC 为 personal computer“个人电脑”，bang 的汉字作“房”。

samgyeopsal（五花肉），烧烤常见食材。sam 的汉字作“三”，gyeop“层”和 sal“肉”为韩语固有词。

skinship（肌肤之亲），本指亲子之间表达情感的肌肤接触，后也扩及到朋友和情人之间。英语 skin“皮肤”和 kinship“亲属；亲近”的缩合词。

Tang Soo Do（唐手道），韩国武术，类似空手道，汉字作“唐手道”。

trot（韩国狐步歌曲），一种韩国流行音乐，是韩语借自英语 foxtrot“狐步舞曲”，英语再向韩语回借的“返借词”。

unni（姐），女性称呼较年长的女性，韩语固有词。

新修订的韩源词条：

gisaeng（妓生），古代朝鲜半岛的名妓，类似日本的艺妓，汉字“妓生”。

Hangul（韩字），韩国的文字。Han 的汉字作“韩”，gul“字”为韩语固有词。

Juche（主体），朝鲜的思想体系和理论基础。缩略自 juchesasang（主体思想）。

kimchi（辛奇；韩国泡菜），汉字的源头或为“浸菜”。

Kono（韩国谋略棋），韩语固有词。

Korean（韩国的；韩语的；韩国人；韩语），源自“高丽”“高句丽”的简称。

K-pop（韩国流行音乐），Korean pop 的简称。

sijo（时调），韩国的传统诗歌，类似日本的俳句，亦指韩国传统歌曲。

taekwondo（跆拳道），汉字作“跆拳道”。

won（韩元），汉字作“圆”。

yangban（两班），韩国历史上的贵族阶级，包含文官和武官两个群体，即文武两班。

韩源词大举进入英语，鉴往知来，韩流软实力的经验可供参考，希望能给汉源词进入英语寻得启示。

add oil 的惊奇之旅

2018 年 10 月中旬，我发表了一篇专栏文章《“加油”add oil 进牛津词典》，读者反应持平，一如既往。隔天在我的电子邮箱里出现了一封邮件，主旨为“有关 add oil 一词收录进 OED”。给我发来电子邮件的黄先生，是一位香港的学术及艺术工作者。他说他从媒体网站得知 add oil 一词被加进了 OED，觉得非常高兴，想知道我是如何发现的。

我在匆忙之中误会了他的意思，以为他问我从哪本牛津词典中发现的，因为牛津大学出版社的词典产品多元繁杂，很多人分辨不清。经历了一阵鸡同鸭讲后，我才搞明白，便把这个发现经过跟他说明了一下。

2008 年北京举办奥运会时，英文媒体上 jiayou（加油）一词用得很多，该词进入英文的呼声很高，许多人都在屏息以待。我研究英文词典与英文词汇，对此更是特别关注，所以每次 OED 季度更新、官网发布新词表之时，我都会从头到尾仔细浏览一遍，看看 jiayou 收进去了没有，然而一直音信杳然，每次查阅都失望而归。但这并没有影响我的积极性，我总会时不时登录 OED 官网，键入 jiayou，期待意外的惊喜。

2018 年 10 月 8 日，我闲来无事，登录官网随手搜索。跳出的结果页面如同以往，显出一排醒目的红字：No dictionary entries found for ‘jiayou’（词典里没有发现 jiayou 这个条目），可这次搜寻给我的感觉，却又有那么一点异样。原来，在这个页面的最后一行，出现了细微的不同，本应是“0”的数字居然变成了“1”，在 definitions（定义）、etymologies（词源）、full text（全文）都各有一笔 jiayou 的记录。

这倒是给了我些许惊喜。我马上低头继续探索，点进去一看，原来

jiayou 隐身在 add oil 这个短语里，作为解释之用，真正收录的是 add oil。OED 说 add oil 直译自粤语 ga yau（加油），相当于普通话 jiayou。中文“加油”终于进 OED 了！

OED 一共收了 4 条书证，最新的一条出自 2016 年 6 月 7 日，这说明，add oil 可能最早出现于 2016 年 6 月下旬的更新。然而我经常登录 OED 官网，持续搜寻 jiayou 的动态，却一直没有注意到这个改变，直到 2018 年 10 月 8 日。因此我推测，add oil 极有可能是 2018 年第三季加入 OED 的，这一季的更新本应于 9 月下旬公布，因故推迟到 10 月 3 日。

黄先生说，多年来他一直留意 add oil 的发展，自己在香港创立了名为 add oil team（打气小队）的艺术团队，如今看到了我的这篇文章十分开心，于是在社交媒体和新闻上介绍了我的发现。

接下来的两天，原文的阅读量一路高歌猛进，文章被多家媒体争相转载，听到的声音几乎都是肯定的。add oil 这个源自粤语的中式英语，能受到英语世界的认可，本身就是一种难得的文化输出。

有媒体抛出了发人深思的问题：中文的“加油”进了英文，为什么通过粤语作为中介？为什么是中式英语 add oil 而不是普通话音译的 jiayou?

循着这些问题，我们来看看粤语，尤其是香港地区粤语对英语语言的影响。OED 在词源里明白指出，add oil 源自粤语的“加油”，主要是港式英语的用法。根据我先前的调研，OED 迄今一共收了约 500 个汉源词。在这些词中，粤语的贡献显著，是除了汉语标准语之外的第一大方言来源。究其原由，或因广州是中国第一个向西方开放的口岸，或因早期广东有大量移民遍布海外，或因英国曾对香港实行殖民统治，粤英交流频繁。

OED 在 2016 年增收了 6 个直接来自粤语的词语，这里说的“直接”，是指当代语言学公认的两类，即“音译”（语音转写）和“借译”（逐字直译）。

这 6 个词分别是 char siu（叉烧，音译）、dai pai dong（大排档，音译）、kaifong（街坊，音译）、milk tea（奶茶，借译）、siumei（烧味，音译）和 yum cha（饮茶，音译）。除了 milk tea（奶茶）是借译之外，其余都是音译。文化特色词的翻译以音译行之，也是世界通行的做法。

在文化交流方面，我们秉持开放多元的态度，聆听不同的声音。英语里的汉源词还有很多，add oil 的入选促成了一次深度的文化思考，不啻为好事一桩。

被老外这样称呼，你可要当心了

知己知彼，百战百胜。语言，也应是如此。

中国境外的恐华情绪一直都有，只不过时隐时显，这一歧视也反映在语言上。英文里存在着许多“族裔蔑称”，由于历史原因，有一大部分是针对华人的。在西方人的眼里，东亚人几乎一样，因此辱华、辱亚词语的误用与混用，长久以来都是常态。

辱华蔑称到底有哪些？为此，我参考了10余部相关的权威英文辞书，花了点时间做研究，就事论事，中性地探讨语言。某些词语或许刺眼，容易让人产生强烈的负面情绪，然而若能提前掌握，做到心中有数方能有效应对。

我先从“以义领词”的分类词典切入，查阅了《牛津英语词典历史同义词词典》（*Historical Thesaurus of the Oxford English Dictionary*）、《牛津俚语词典》（*The Oxford Dictionary of Slang*）和“维基百科”的相关条目，整理出大致范围。接着通过“以词释义”的语文词典逐一求证，除了OED和“维基词典”（Wiktionary）之外，我还特别参考了专门的俚语词典，如《格林俚语词典》（*Green's Dictionary of Slang*）、《兰登书屋美国俚语历史词典》（*Random House Historical Dictionary of American Slang*）、《卡塞尔俚语词典》（*The Cassell Dictionary of Slang*）、《新编帕特里奇俚语与非传统英语词典》（*The New Partridge Dictionary of Slang and Unconventional English*）、《美国俚语词典》（*Dictionary of American Slang*）、《牛津当代俚语词典》（*The Oxford Dictionary of Modern Slang*），以及《市井词典》（*Urban Dictionary*）。

我的研究结果表明，英文里的辱华蔑称起码有50个。如果笼统地译成“中国佬”，未免过于敷衍。这些蔑称各有其来源内涵，中文难以找到对应词，只能另谋出路，见招拆招。基本策略是，既要反映英文词语的源流，又要顾及中国同胞的感受，还要根据程度的不同加以区分，以便国人更好地领会、把握。以下就事论事，探讨语言，切莫过度解读。

最常见的辱华蔑称是Chink（支那人），冒犯性和使用频率都与nigger（黑鬼）相当。一般认为，Chink是由China（中国）或Chinese（中国人）变异而来，也可能来自中国人的客套话“请请”，抑或结合了单词chink（细缝）的意象，因为对西方人而言，中国人看起来都是眯缝眼。Chink另有Chinkey、Chinkie、Chinky（小支那）3个同音异形的变体，此三者尾音的/i/代表“小”“亲昵”，甚至“不屑”。Chinky-chonks（支那族）由Chinky部分重叠而成，是个复数的统称。

在此必须澄清一下，Chinese是英文里“中国人”的标准说法，丝毫没有歧视贬损的意味，网上谣传说Chinese是个贬义词，这是毫无根据的假消息。

同一类的蔑称还有几个，如Chinaman（中国佬），中文的“佬”传达了英文隐含的些许轻蔑之意；China boy（中国小子），贬抑程度更甚，因为旧时主人把仆人唤作boy，中文的“小子”除了指男孩子之外，也是对人的蔑称，可用来与boy对应；Chinee（中国您）是Chinese的变体，Chino（中国侬）是China的变体，此二者我在翻译时故意扭曲发音，以“您”和“侬”替代“人”，借此强调英文的嘲讽之意。

还有两个与地名有关的蔑称。一是Celestial（天朝人），因为中国自古以天朝（Celestial Empire）自居；一是Oriental（东方佬），代表了欧洲中心主义的观点。

另有一类蔑称跟身体特征有关，首先是眼睛。东亚人的眼睛常往上吊，因此英文用 slant（倾斜）和 slope（斜坡）来调侃。如 slant（吊眼仔），亦作 slant-eye 或 slant-eyes（吊眼睛的）；又如 slope（上斜眼），也有 slopehead、slopey、slopy（上斜眼的）等不同的拼法。这里翻译时用“仔”表调侃，“的”是“的人”的省略，也表达相同的意思。西方人还嘲讽东亚人眼睛偏小，所以出现了 slit（眯缝眼），也写成 slit-eye 或 slit-eyes（眯缝眼的），以及 zip（拉链眼），亦作 zipperhead（拉链眼的），形容眼睛眯成一条缝，就像拉起来的拉链一样。

其次是脸和头发。相较于西方人，东亚人的五官不够立体，脸型偏圆，因此英文多以平、圆的物件来嘲讽，如五官扁平如圆薄饼的 pancake（薄饼人）和 pancake face（薄饼脸），以及浅平如平底锅的 panface（平底锅脸）。清朝时中国男子留辫子，因此 pigtail（辫子人）也成了中国人的蔑称之一。

肤色也是重要的歧视因素之一。我们是黄种人，觉得“黄种人”这个说法再正常不过，可是英文的 yellow 用来指人种时却是个轻蔑语，如 yellow peril（黄祸，指威胁，也可指人或国家）。其他相关的蔑称还有 yellow（黄皮肤的）、yellow face（黄脸人）、yellow monkey（黄皮猴）、yellow nigger（黄鬼）。另有个 nig-nog（黑黑），把 nigger 截短后再部分重叠而成，本指黑人，也可转指亚洲人。把 nig-nog 去掉前一半再加后缀而得的 noggy（小黑仔），后来专指亚洲人，因其肤色较白人深。

有些蔑称跟抽象的特质有关。monkey（猴子）是白人对有色人种的蔑称，言其像人但次一等，亦可简化为 monk（猴仔）；gook（咕噜人）来源不明，有可能是西方人听不懂东亚人讲话，形容他们说话声咕噜咕噜的，gook 与 Chink 地位类似，冒犯性强，使用频率也高；coolie（苦力）跟职业有关，因为亚洲人早期多做非技术性的体力活，社会地位低人一等；chow（炒仔）也拼成 chow-chow（炒炒），可能源自表“食物”、有中文渊源的 chow，以食物来转喻人；Buddhahead（佛仔）跟信仰有关，因为西方人认为东亚人普遍信佛（Buddha）。

另有一些蔑称与人名有关，如 ching（清仔），或重叠拼成 ching-ching（清清），可能源自刻板印象中的华人名字。ching-chong（清种）特别值得一提，它通过模仿华人名字的语音特征而来。在汉语拼音问世之前，威妥玛式拼音是汉字拉丁化的传统做法，普通话的 j、q、zh、ch 在这个系统里都转写成 ch（粤语也有类似的现象），而汉字的尾音又多为 n 或 ng，所以 ching-chong 是调侃华人名字的戏谑之作。另外，pong（彭仔）也是模仿华人名字而来，Ling Ling（玲玲）则是最新的“网红词”，源自常见的华人名字，本指“超厉害、超认真的华人女性”。John（强仔）是真名不详随便给的称谓，也作 Johnny（强尼）、Johnny Chinaman（强尼中国佬）。

在以白人为主的英语世界里，存在着 ABC 这种说法，指出生在美国的华人（American-born Chinese），许多华裔美国人（Chinese American）都认为此语带贬义。另有 banana（香蕉人）一词，指的是有着黄种人的外表，却持有白种人价值观的一类人，也是个贬称。

我们不用族裔蔑称去伤人，也无须为这些负面词而怒火中烧。无恃敌之不来，恃吾有以待之。我们除了知己知彼，更应用智慧来化解，用实力来证明。

《牛津英语词典》里的功夫世界

2022 年 3 月下旬，OED 发布了年度第一季的更新，一共增加了约 700 个新词、新义。我在浏览这一批词汇时，发现了一个带有中国元素的词 kung fu master（功夫大师）。其实，英文中早有 kung fu（功夫）一词，这个词真正吸引我的，是此次新录的书证，有一条出自 2007 年 9 月 27 日的英国《卫报》（*The Guardian*），提到了中国少林寺的功夫大师们（the kung fu masters of China's Shaolin temple）。

大家或许有所不知，Shaolin（少林）也是 OED 正式收录的汉源词，指的是从少林寺发展出来的中国武术流派或招式。

在 kung fu master 这个词条里，OED 的书证引用《卫报》，少林寺的英文是 Shaolin temple，但在 Shaolin 这个词条里，定义却用了 Shaolin monastery。无独有偶，Shaolin 的词源里也用 monastery 来描述少林寺，说它是“位于中国河南省的一座佛教寺院之名，建于公元 5 世纪末”（the name of a Buddhist monastery in the Henan Province of China, built in the late 5th cent. a.d.）。

少林寺的英文，到底是 Shaolin temple 还是 Shaolin monastery？查阅英文的《大英百科全书》后发现，二者皆有，以 Shaolin temple 为主，Shaolin monastery 为辅。那么 monastery 和 temple 的差别在哪里？简而言之，monastery（修道院；寺院）所强调的，是立誓独身的 monk（男性僧侣；修士；和尚）住院修行之处，monastery 和 monk 的共同词根 mon(o)-（单一；独自）就透露出这个信息。而 temple（神殿；庙宇；圣堂）则侧重于非基督教，指其他宗教用于礼拜的圣所，如 Hindu temple（印度教寺庙）、Buddhist temple（佛教寺院）、ancient Greek temple（古希腊神殿）。

回到“功夫”。OED利用这次修订，还对kung fu的词源做了较为深入的探索，说“这个汉语词出现在各种不同的短语里，比如‘有功夫’——有本领（隐含努力的意味，中古汉语已有），‘下功夫’——投入（时间和）精力，‘书法功夫’——书法的技巧，以及（关于武术的）‘少林功夫’——字面义为‘少林（武术的）技艺’（试比较Shaolin）。武术（统称）的传统汉语（官话）词是‘武术’（参见wushu）”。[The Chinese word occurs in various phrases, as e.g. **yǒu gōngfu** to have skill (implying effort; already in Middle Chinese), **xià gōngfu** to invest (time and) effort, **shūfǎ gōngfu** skill in calligraphy, and (with reference to martial arts) **shàolín gōngfu** Shaolin kung fu, literally ‘skill in (the martial art of) Shaolin’ (compare Shaolin). The traditional Chinese (Mandarin) word for the martial arts (collectively) is **wǔshù** (q.v. wushu).]

代表中国武术的wushu也是英语里的汉源词，OED早在1986年就已经正式收录，现在也是国际体育竞技的一个项目。

值得留意的是，OED这一季的更新不只增收了kung fu master，还给kung fu扩充了词源，甚至出现了一条新近摘自《中国日报》（*China Daily*）的书证，时间是2021年7月15日：“从他练功夫开始，力气和耐力都大有改善。”（Since he took up kung fu, his strength and endurance have improved greatly.）

根据我的研究，OED正式收录的中国武术相关词语共有10个，条列如下：

kung fu（功夫）

kung fu master（功夫大师）

qi（气）

qigong（气功）

Shaolin（少林）

tai chi（太极拳，全称 t’ai chi ch’uan）

wushu（武术）

wuxia（武侠）

Wing Chun（咏春拳）

butterfly sword（蝴蝶双刀，又称 butterfly knife，常见于咏春拳）

另有一个 jeet kune do（截拳道），是李小龙所创的现代武术体系。该词收录于 SOED，OED 在内文中提到了 4 次，却至今尚未正式收录。

从“北京人”的英文说起

过去几年，我以 OED 为本，做了不少研究。2019 年起，我转战《韦氏大词典》，开始攻打英语词典的另一座山头，初步得到了一些有意思的结果。

通过词典网站的进阶搜索功能，辅以手动查询逐一核实，我查得《韦氏大词典》约收录了 200 个中国地名。这些地名包括省份城市、山川湖泊等，内容多是单纯的百科知识。我的研究开始没多久，就发现了首度被收进英语词典的 Beijinger（北京人），让人眼睛一亮。“北京人”的传统英文是 Pekingese（或拼为 Pekinese），不过这个词当前最主流的释义为“北京犬”（又称狮子狗、哈巴狗、京巴）。Pekingese 的词干是用了 300 年的北京旧称 Peking，此二者给人厚重的时代感，词典虽多有收录，但现在已经越来越少用。相反，汉语拼音的 Beijing 如今在英语世界广泛流通，中大型词典均有收录，不过指称首都人民的 Beijinger，在《韦氏大词典》之前，从未出现在其他词典之中。

根据《韦氏大词典》的例证档案，Beijinger 最早的书证可以追溯到 1981 年。词典举了一条稍晚的例证，引自美国知名的美食旅游杂志《美味》（*Saveur*），时间为 2008 年 5 月：“如同大多数的北京人一样，她觉得这些拥挤的胡同和建筑，有些可以追溯到 13 世纪，保留了传统北京的生活方式。”（Like most Beijingers, she feels that these crowded lanes and buildings, some of which date to the 13th century, preserve the traditional Beijing life-style.）

另有一些可表“北京人”的词，也在此处稍加说明。Beijingese（北京人；北京话），虽然收录于网络版“维基词典”中，也有些许使用证据，但还没通过权威词典的认证，尚未站稳脚跟；Pekinger 不是英语，而是德语单词；Peking man 指的是考古中的“北京猿人”，化石发现于北京西南郊的周口店；native of Beijing（北京的本地人）、Beijing native（北京本地人）、person from Beijing（来自北京的人）、Beijing person（北京的人）都准确，只是过于间接迂回；至于以汉语拼音全音译的 Beijingren，即使有少数使用证据，也只能当作偶发状况。如此看来，还是上文提到的 Beijinger 最为精简、直接，流通较为广泛。

《韦氏大词典》除了收录 Beijinger（北京人）之外，还收了 Beijing Time（北京时间），这个词的入选值得一提。北京时间是我国的标准时，这不是北京的地方时，而是北京所在的“东八时区”的区时，英文又称为 China Standard Time（中国标准时间），同样收录于《韦氏大词典》。邻国日本、韩国所处“东九时区”的 Japan Standard Time（日本标准时间）和 Korea Standard Time（韩国标准时间），《韦氏大词典》均未收录。

再回到“北京人”的议题。中文的“区域居民称谓词”（demonym）规则且单一，直接在地名后加个“人”即可。英文却复杂许多，因地名的拼写或历史原因而有不同的形式，如 New Yorker（纽约人，New York + -er）、Chicagoan（芝加哥人，Chicago + -an）、Oxonian（牛津人，Oxford + 不规则变化）、Cantabrigian（剑桥人，Cambridge + 不规则变化）、Parisian（巴黎人，Paris + -ian）、Viennese（维也纳人，Vienna + -ese）、Tokyoite（东京人，Tokyo + -ite）、Mumbaikar（孟买人，Mumbai + -kar）、Tehrani（德黑兰人，Tehran + -i）。

除了北京，广州、香港、澳门、厦门、上海等也有英文的区域居民称谓词，这都是 OED 和《韦氏大词典》记录在案的：广州人（Cantonese，广州的旧称 Canton + -ese，无法用 Guangzhou 派生）、香港人（Hong Kongese 或 Hong Konger，Hong Kong + -ese/-er）、澳门人（Macanese，Macao + -nese）、厦门人（Amoyese，厦门的旧称 Amoy + -ese，无法用 Xiamen 派生）、上海人（Shanghainese 或 Shanghailander，Shanghai + -nese/-lander）。

并不是所有的地名都能在英文里找到对应的区域居民称谓词，这取决于该地在英语世界的地位和影响力，其中牵涉许多历史因素，难以用一两句话总结清楚。对于无法找到精简、直接表达的城市，就只能借助 native、person（或 man/woman）、from 等词来迂回表达了。

“甲骨文”的英文

清光绪二十五年（公元 1899 年），原本平静的中国文字学界发生了一件惊天动地的大事——甲骨文首度被发现。

相传，金石学家王懿荣偶然注意到药店售出的药材“龙骨”上面刻有文字，经他研究，认定龙骨是殷商时期的占卜用骨，并断言此文字（即“甲骨文”）比当时认定的最早文字“籀文”（即“大篆”）更古老。此后，王懿荣开始大量收购甲骨，成为发现和收藏甲骨的第一人。

甲骨文的发现，不仅震撼了全中国，也在世界范围引发了广泛关注，产生了深远影响。研究甲骨文，甚至成为一门国际性的显学，名曰甲骨学。

甲骨文的载体是甲骨，即龟甲和兽骨。作为举世瞩目的考古发现，“甲骨”的英文早已固定为 oracle bone，并以此名通行英语世界，收录于多部大型英语词典中。

OED 收了 oracle bone，并打上考古学（archaeology）的学科标签，说该词主要用于复数，把它定义为“牺牲之骨，刻有文字，在中国古代用于占卜”（the bone of a ritually killed animal, carved with script and used in ancient China for divination）。OED 的第一条书证，也是目前英文关于甲骨最早的文献记录，出现于 1915 年的《宗教与伦理学百科全书》（*Encyclopaedia of Religion and Ethics*）：“近些年来，河南省发现了卜骨和龟甲的残片，很有意思。”（During recent years a very interesting discovery of ‘oracle bones’ and tortoise-shell fragments was made in the province of Honan.）

《韦氏大词典》也收了 oracle bone，定义比 OED 详尽一些，说它是“占卜用骨，用于中国古代，商朝（公元前 1765～前 1123 年）尤甚。问题先写于其上，后以高温灼烧，再由产生的裂纹卜筮”（a bone used in early China especially during the Shang dynasty 1765–1123 B.C. in divination by writing a question upon it, heating it, and divining the answer from the resultant cracks）。《韦氏大词典》对商朝年代起迄的纪录偏早，与当今主流的推算有明显差距。

由于 oracle bone 常用复数（作定语时则多用单数，如“甲骨学”oracle bone studies），其他大型词典便直接以复数形式 oracle bones 作为词目收录，如《兰登书屋韦氏英语大词典》（*Random House Webster's Unabridged Dictionary of the English Language*）等。

甲骨文轰动全世界，其英译以 oracle bone script（卜骨文字）为主，“维基百科”、《布莱克韦尔文字百科全书》（*The Blackwell Encyclopedia of Writing Systems*），以及汉语研究集大成的通论性著作《汉语概说》（*Chinese*）等都是如此收录的。这里的 script 指的是文字，是一套成体系的符号，常作不可数名词。oracle bone 在此是定语，用单数形式。

除此之外，许多英语世界的专业著作也用 oracle bone inscriptions（卜骨铭文）来表示“甲骨文”，如《语言与语言学百科全书》（*Encyclopedia of Language & Linguistics*）、《世界的文字》（*The World's Writing Systems*）、《中国的语言》（*The Languages of China*）、《汉语：事实和想象》（*The Chinese Language: Fact and Fantasy*）。前文提到的《布莱克韦尔文字百科全书》虽以 oracle bone script 收录了“甲骨文”，但在词条中多次出现了 oracle bone inscriptions。单数的 inscription

指的是一段铭文，如一块龟甲或兽骨上所刻的内容。这里常在词尾加 s 作 inscriptions，以复数形式代表整体。复合词 oracle bone 作定语，修饰后方的 inscriptions。

“甲骨文”的英文还能通过汉语拼音转写为 jiaguwen。《大英百科全书》以 jiaguwen 为词目收录了这个词。《剑桥世界古语百科全书》（*The Cambridge Encyclopedia of the World's Ancient Languages*）在介绍甲骨文时，也以 jiaguwen 为主，oracle bone script 为辅。前述《汉语概说》在某个段落里凸显了 jiaguwen 一词，并将 oracle bone script 后置作为注释。

oracle bone script、oracle bone inscriptions、jiaguwen 均见诸地道权威的英文文献，只是尚无英语词典加以收录。

“康熙”的英文

这里要谈的“康熙”，是指《康熙字典》。在讲《康熙字典》之前，我想先简单介绍一下《新华字典》。

《新华字典》是中小学生和教师的必备工具书之一，是几代人学习历程的记忆纽带。《新华字典》曾于2016年获得两项吉尼斯世界纪录，成为世界上“最受欢迎的字典”和“最畅销的书（定期修订）”。

放在全球舞台上与性质近似的语文工具书相比，《新华字典》更是一枝独秀，远超两本畅销英语词典，即美国的《韦氏大学词典》（*Merriam-Webster's Collegiate Dictionary*）和英国的OALD。

《新华字典》成就傲人，许多人或许不知，“字典”的名称始于清康熙年间的《康熙字典》。

康熙是清圣祖爱新觉罗·玄烨的年号，康熙帝是中国历史上在位时间最长的皇帝，不仅在中国，放眼世界，也是评价极高的君主。

在文化事业方面，康熙敕令组织编纂了许多规模庞大的重量级图书，成绩斐然、影响深远，如《康熙字典》《古今图书集成》《全唐诗》《佩文韵府》。其中，冠上康熙之名的《康熙字典》更是把中国的辞书推向一个历史的高峰，“字典”二字也由300年前书名里的创新，成为了现代汉语的标准词语。《康熙字典》对汉语语言和辞书编纂的贡献，功不可没。

我从事英语词汇与英语词典的研究，本与《康熙字典》是两条平行线，然而在查阅OED时，这两条线却在“康熙”这里有了交点。

OED以传统的威妥玛式拼音收录了K’ang-Hsi，词性为名词，定义开门见山，言其“作定语用，与17世纪后半叶、18世纪前25年的中国陶瓷有关，以极其精细的青花器皿，以及绿地彩和黑地彩的技法而闻名”（used attributively with ref. to the Chinese pottery and porcelain of the latter half of the seventeenth century and the first quarter of the eighteenth, notable for very fine blue-and-white wares and the development of *familleverte* and *famille noire* enamels）。OED是语文词典，收词量逾60万，对“康熙”一词从语言的角度进行解释，讲的是传世陶瓷的特色。至于康熙帝的生卒年月、文治武功等百科知识未曾提及。

美国的《韦氏大词典》与OED同级，同属特大型的足本英语词典，收词量近50万，该词典也以传统的威妥玛式拼音收录了K’angHsi（除了没有连字符，其他拼法同OED）。《韦氏大词典》坚持语文词典本色，同样着墨于康熙年间的中国陶瓷，未收录与人物历史有关的百科内容，它把“康熙”视为形容词，给的定义是“17世纪后半叶或18世纪前25年的中国陶瓷艺术或中国陶瓷的，或与之有关的，或有其特色的”（of, relating to, or having the characteristics of Chinese ceramic art or Chinese porcelain wares of the latter half of the 17th century or the first quarter of the 18th century）。

这两部英语语文词典的颠峰之作都收录了“康熙”，留下的印迹全集中在中国陶瓷，而不是人们想当然的字典。究其原因，可能离不开西方人对中国古董的热爱，而这些古董爱好者，又多半来自上层阶级。旧时代的上层阶级左右了话语权，他们热衷收藏、谈论中国古董，于是“康熙”逐渐有了文字记录，随后进入英语为词典所收，当然也就顺理成章了。

2018年底我曾做过一项研究，统计出OED一共收录了500个左右的汉源词，其中有关考古文物的就有 50 个，比例相当高。由此看来，OED 和《韦氏大词典》收了表示中国陶瓷的 K'ang-Hsi，反映的应是当时社会的时代氛围，并非特例。

鉴于《康熙字典》的地位与影响力，主观上我希望"康熙"能成为字典的代名词，无论是在中文或是英文里。这就好像在美式英语的口语里，原本特指的 Webster（韦氏，或作 Webster's）可以转而泛指英语词典。

英文版"维基词典"以语文词典为主体，兼收精简的百科知识。它以汉语拼音的形式收录了 Kangxi，定义有二：1. 清朝的中国皇帝（1654～1722）[a Chinese emperor (1654～1722) from the Qing Dynasty period]。2. 康熙字典，一部汉字的字典，可交互参照，奉康熙帝之命编纂，于 1716 年首度出版，沿用至今（the Kangxi Dictionary, a dictionary and cross reference of Chinese characters, first published in 1716 at the behest of the Kangxi emperor, and used to the present day）。

第二个定义还收了两条书证，证明 Kangxi 作为《康熙字典》的简称有凭有据。第一条书证出自 1992 年的学术期刊《中亚学报》（*Central Asiatic Journal*）："根据《康熙字典》，这个字有两种发音。"（According to Kangxi, this word has two kinds of pronunciation.）第二条书证出自 2003 年的学术专著《词典学：跨越时空和语言的工具书》（*Lexicography: Reference works across time, space and languages*）："他于 1827 年作《康熙字典考证》，指出《康熙字典》的错误引用 2500 余处。"（He wrote *Textual Criticism of Kangxi Zidian*, 1827, in which he identified more than 2500 erroneous citations in Kangxi.）

Kangxi 作为《康熙字典》的英文简称，有案可考，不过作为字典的代名词，至今似乎尚无迹象。

“维基词典”与时俱进，能一定程度反映当今语言的现状，然而词典内容由志愿者合力编写，虽有相对严谨的内部审查机制，较之由专家编纂、出版社层层把关的传统品牌词典，其权威性或仍略逊一筹。尽管如此，Kangxi 的收录不失为重要的参考，预示着传统品牌词典未来的发展与可能的走向。

以“康熙”的形式而言，OED 和《韦氏大词典》采用的是威妥玛式拼音 K’ang-Hsi（或 K’angHsi），未来应会顺应时代，改用汉语拼音 Kangxi。以“康熙”的内容而言，康熙陶瓷在国际拍卖市场上仍有一席之地，而《康熙字典》因着免费分享的网络特性迎来了复苏。“康熙”与“字典”原本就密不可分的连结，或许可搭上这趟顺风车，在人们心里逐渐深化。

“字典”的英文

学习语文离不开词语工具书，而这类工具书，我们多半统称为“字典”。

“字典”的说法肇始于《康熙字典》。由于《康熙字典》的地位与影响力，词语工具书便逐渐统称为字典，无论是解“字”的字典，还是说“词”的词典。当然，汉语“字本位”的巨大影响也在里面起了很大作用。

严格来讲，把字典、词典混为一谈，统一以“字典”来概括，其实并不妥当。字典的收录单位是字，字是方块状的形体单位。字典若兼收若干多字词，也只是作为辅助的例证，用来说明该字的意义和用法。词典的收录单位是词，词是语言里最小的、可以自由运用的单位，其中有一部分是单字词，另有一大部分是多字词。词典多以醒目的字头作为引导，起着“以字带词”的作用，字为辅，词才是主。

英语和其他欧洲语言一样，都是“词本位”的语言，以词为日常交际的最小单位，所以他们的词语工具书称为词典。

英国的 OED 虽卷帙浩繁，却不是世界上规模最大的词典，也不是世界上最早的足本词典，许多语言都有类似的传世经典之作，如德国的《德语词典》（*Deutsches Wörterbuch*）、意大利的《秕糠学会词典》（*Vocabolario degli Accademici della Crusca*）、法国的《法兰西学院词典》（*Dictionnaire de l’Académie française*）、西班牙的《西班牙语词典》（*Diccionario de la Lengua Española*）、中国的《康熙字典》（*Kangxi Dictionary*）。

“维基百科”在介绍OED时特别提到了《康熙字典》，肯定了它在世界辞书舞台上的显著地位和文化成就，是能与“词典列强”平起平坐的中国代表。只是我对《康熙字典》的英译 Kangxi Dictionary 有一些自己的看法，关键在 dictionary 的选用上。英译以概念类似但重点不同的 dictionary 来对应“字典”，在强调“字本位”的汉语传统里并不合适，可以再进一步推敲。

在上述这些语言里，“词典”的名称各有说法。英文 dictionary、法文 dictionnaire 和西班牙文 diccionario 均源自拉丁文 dictionarium（或 dictionarius），本义为“词语之汇”。意大利文 vocabolario 源自拉丁文 vocabularium，本义为“词之汇”。德文 Wörterbuch 为本土单词，本义为“词之书”。中文“字典”迁就了英文“词典”的概念，使用了现成的 dictionary，而字典、词典二者，又是汉语辞书必须加以区分的。

如果 dictionary 不是翻译“字典”的最佳选择，那么“字典”的英文该怎么说？若是回归汉语，大胆采用拼音 zidian，是否合适？

把中文“字典”音译成 zidian，我们采取的是“异化”的翻译策略。之所以称为异化，是因为 zidian 不像英文，或者根本不是英文。语言间因文化差异而造成难译或不可译的情况时，或可照搬“源语”（source language，又称“译出语”）用于“目标语”（target language，又称“译入语”）。譬如上述的“字典”，由于中英文字体系不同，先依汉语拼音转成拉丁字母 zidian，再以 zidian 权充“字典”的英译。此举可能会引来质疑，觉得只是汉字拉丁化，不是翻译。

倘若放弃“异化”策略，不用 zidian，采用“归化”策略，运用英文既有的词汇与架构，那么有哪些选择可以用？最常见的答案，除了 dictionary，无疑是 character dictionary（字符词典）。中文的“字”，英文大体会译成 character（字符），因此“字典”才会有 character dictionary 这种译法。另外，冠以 Chinese（汉语；中国的）的 Chinese character dictionary（汉字词典）也时有所见。词序略有不同的 dictionary of Chinese characters（汉字的词典）或可视为较为正式的说法。但“归化”之路并不顺畅。为了做到翻译精准，“目标语”的译文往往过长、音节过多，这势必会削弱“源语”直白、简洁的特征。

让我们回过头来，重新考虑 zidian。其实在翻译文化特色词时，直接借用音译反而是个常见的做法，能最大限度地保留自身的主体性。放弃汉字采用拉丁字母，是我们向国际社会所做的妥协。换个角度说，文化特色词的英译通过语音直接借用，也是英文尊重不同文化的具体体现。字典深具中国特色，关于“字典”的英译，我们的观点该为西方所知，我们的独特性也应受到英语世界的重视。

事实上，在当今专业的英文书刊里，zidian 的使用相当普遍，占据了主导地位。美国汉学家罗杰瑞（Jerry Norman）在其代表作《汉语概说》（*Chinese*）一书中提到“字典”时，用的多半是 zidian。奥地利裔英国词典学家哈特曼（R.R.K. Hartmann）在其里程碑著作《词典学词典》（*Dictionary of Lexicography*）里将 zidian 单列条目，并通过“互见”（cross reference）让读者参照书中另一处的 character dictionary。在哈特曼之后出版的《词典学：关键概念》（*Lexicography: Critical Concepts*）一书中，也以 zidian 为主，character dictionary 为辅。

其实，字典的中国特色，主要体现在汉字上面，因此“字”的英译才是根本问题。日本“研究社”的《新和英大辞典》（第五版）把“字典”译为 kanji dictionary（日本汉字词典），kanji（日本汉字）便是核心所在。如果我们依样画葫芦，将“字典”译为 hanzi dictionary（汉字词典），是否也是一种可能?

抑或仿照“维基词典”（Wiktionary，由 Wiki 和 dictionary 缩合而成）的构词法，把“字”的音译 zi 和 dictionary 缩合成 zictionary，用来专指中文的字典，似乎也未尝不可。

翻译需要守成，也容许有限度的创新。“字典”的英译除了几个传统选项之外，异化、全音译的 zidian，异化、归化各半的 hanzi dictionary，以及异化、归化兼采的 zictionary，不妨都纳入考虑。

“口腔科”的英文

国内各地都有口腔科，或为大医院的附属部门，或为独立的医疗机构。“口腔科”的英文多半译成 stomatology，但我的直觉认为，可能译成 dentistry 更为合适。

印象中，口腔科主治牙病，但其实范围更广，也涉及牙齿之外的其他口腔问题。stomatology 只管牙齿以外的口腔问题，而 dentistry 不仅管牙齿，也管与口腔相关的其他问题。

然而这不是我的专业领域，直觉不见得可靠，我只能求助于权威辞书。口腔科是口腔科学的临床实践，最新的《辞海》（第七版）将口腔科学定义为“研究牙齿、牙周组织、口腔黏膜、颌骨、唇、舌、唾液腺和颞下颌关节等疾病的病因、发病原理、病理过程、诊断、防治等理论和技术的医学科学分支”。这个定义的界定明确，和我的认知一致。

《韦氏医学词典》（*Merriam-Webster's Medical Dictionary*）把 stomatology 定义为“处理口部及其疾病的医学分支”（a branch of medical science dealing with the mouth and its disorders）。此定义虽然简略，却点出了关键的嘴巴，没有提到牙齿。《大英百科全书》的定义比较详细，说 stomatology “治疗口部皮肤和口腔黏膜的各种疾病”（treats the variety of diseases that affect both the skin and the oral mucous membranes），并指出该词现多用 oral medicine（口部医学）代替。同样的，牙齿也不在关注范围内。

所以，中文“口腔科”的范围广，包含牙齿、牙齿相关和口部其他，英文 stomatology 范围窄，只包含口部。用 stomatology 来对应“口腔科”，确实有问题。

再来看一下 dentistry。《大英百科全书》说 dentistry 是“关注预防和治疗口腔疾病，包括牙齿及其支撑结构，以及口部软组织疾病的专业”（the profession concerned with the prevention and treatment of oral disease, including diseases of the teeth and supporting structures and diseases of the soft tissues of the mouth），同时还说 dentistry 的治疗及矫正范围包括“上下颌畸形、牙齿不齐，以及诸如腭裂的口腔先天异常”（the treatment and correction of malformation of the jaws, misalignment of the teeth, and birth anomalies of the oral cavity such as cleft palate）。

如此看来，dentistry 包含的范围比想象中更广，与我们所说的口腔科虽不尽相同，但大致相仿。

至于 dentistry（牙科）是否要改为“口腔科”，stomatology（口腔科）是否要改称“口科”或“嘴科”，兹事体大，还是先调整认知吧！

游甘肃酒泉，思“夜光杯”之英译

我曾在中国西北的河西走廊游历，寻访2100多年前汉武帝设立的河西四郡，从武威出发，途经张掖，行至酒泉，下榻“夜光杯广场”周边的酒店。

夜光杯自古就是酒泉的特产，唐代王翰写了《凉州词》，一句“葡萄美酒夜光杯，欲饮琵琶马上催”更是让夜光杯家喻户晓。来到夜光杯之城，见到这流传千百年的文化符号，随即引发了我的思考——“夜光杯”该如何英译?

夜光杯是一种玉制的酒器，汉英词典一般译为 luminous wine glass（黑暗中发光的酒杯）。luminous 对中国人来说可能有些难度，却是个颇为传神的常见词汇，意思是 shining in the dark（在黑暗中发光发亮的）。夜光杯薄能透光，仿佛自身在发亮，用 luminous 来翻译“夜光”至为贴切。至于“杯”的英译，就有推敲细究的空间了。

现代汉语的“杯”是个概括性的词，泛指盛饮料或其他液体的器具，英文里最接近的说法当属 drinkware（饮具）或 drinking vessel（饮用器皿），然此二者均为分类上的说法，科学性突出，生活气息不足。

那么有没有相近的对应词呢？英文在这方面分得比较细致，类似的器具依其功能和外形有不同的称呼。其中，cup（杯子）算是概括性最强的词，但一般多指带柄无脚、用来品茗喝咖啡的陶瓷杯。当然也有例外，常见的如 paper cup（纸杯）、plastic cup（塑料杯）、Styrofoam cup（泡沫杯），此三者既无柄也非陶瓷所制。

另一个常见的“杯”是 glass（玻璃杯），泛指不同形状的玻璃杯，一般无柄，有脚无脚皆可。也可以在玻璃杯前冠以不同的酒类，指称不同功能的酒杯，如 wine glass（葡萄酒杯）、champagne glass（香槟杯）、brandy glass（白兰地杯）、whisky glass（威士忌杯）、beer glass（啤酒杯）。

英文里还有更精确的专业词汇，如 flute（香槟杯，高而细）、goblet（葡萄酒杯，高脚）、mug（马克杯，带柄直筒）、snifter（白兰地杯，顶窄底宽，带脚）、tumbler（玻璃杯，无柄平底），等等，族繁不及备载。

夜光杯是玉石所制的饮酒器皿，深具中国特色，用上述哪个英文单词合适呢？相较于西方酒杯，夜光杯的体积偏小，外形多元不定于一，我认为英译“杯”时宜采用包容性强的单词 cup 或 glass，而不宜过于迁就英文中细致的酒杯文化。cup 和 glass 各有优劣，但 glass 有明显歧义，luminous glass 容易让人想到“夜光玻璃”，造成误解。汉英词典中的 luminous wine glass 虽无歧义，但整体偏长，cup 貌似略胜一筹，“夜光杯”不妨译为 luminous cup。

《大英百科全书》在介绍酒泉时提到了夜光杯，采用的是汉语拼音 yeguangbei，并佐以直译的 night-glittering cup（夜间闪耀的杯子）和意译的 jade goblet（玉制高脚杯）做补充说明，这几个译法也都值得参考。

翻译常无定论，少有一种译法可以面面俱到。数译并陈，交由“语言市场”来决定，优胜劣汰，不失为一种健康、公允的机制。

张家口 Kalgan 的往事

河北张家口因 2022 年北京冬奥会的机缘，受到全世界的关注，由多年的沉寂重新回到人们的视线中。

张家口是民国时期察哈尔省的省会，解放初期也短暂做过内蒙古自治区的首府。张家口曾是国际大都市，有过繁荣鼎盛的商贸，在西方世界的认知版图里占有一席之地，英文文献还记录着她曾经的辉煌。

张家口如今的英译名是汉语拼音 Zhangjiakou，在此之前它以 Kalgan（喀尔干）为英语世界所知，国际航空业现仍保留这一称呼，俄语和其他斯拉夫语也用 Kalgan 来指称张家口。

《大英百科全书》所收录的张家口，目前用的还是旧称 Kalgan /ˈkɑːlgɑːn/。若以 Zhangjiakou 搜索，最终还是返回 Kalgan，足见这个旧称在西方世界的地位。

大型英文词典的做法与《大英百科全书》不同，较能反映时代的认知。键入 Kalgan，词典会让用户参见 Zhangjiakou，说明 Zhangjiakou 是主，Kalgan 居次，Zhangjiakou 是今名，Kalgan 为旧称。

《大英百科全书》在“张家口”的词条里开宗明义，说 Kalgan 是这座城最常为人知的名字（Kalgan, the name by which the city is most commonly known），来源是蒙古语，意为“关卡”或“边境”（is from a Mongolian word meaning “gate in a barrier” or “frontier”）。这个地名的词源叙述不免让人想起大境门——张家口的标志性景点。

大境门曾是长城的重要关口，扼守着京师的北大门，城门上书有“大好河山”四个雄浑的大字。大境门是古代屏障汉蒙边境的城门，是长城内外交通要道上的关卡，是清政府所设的陆上通商口岸，是汉蒙贸易的商品集散地。Kalgan 这个名称，或许就是蒙古语指称的大境门，后经语义扩展，成了整个张家口的代名词。

在 100 多年前的英文纪实文学中，常常能看到张家口的身影，让西方世界得以知晓这个地位重要、底蕴丰厚的迷人之地。

澳大利亚记者、旅行家莫理循（G. E. Morrison）与近代中国关系密切，他几乎走遍中国，是清末年间英国《泰晤士报》（*The Times*）的首席驻华记者，还担任过国民政府的资政（政治顾问）。1978 年出版的《莫理循书信集（下）》（*The Correspondence of G. E. Morrison, Vol. 2*）中写到了 1913 年的张家口："他经中国线到张家口，要求沿路保障他的通行安全。"（He asked that arrangements should be made for his safe conduct through the Chinese lines to Kalgan.）可见当年时局动荡、治安不佳，张家口又是个非去不可的目的地，有办法的外国人只能要求当局提供行路安全的保障。

美国大学教授肯德尔（Elizabeth Kendall）1913 年出版了她的中国游记《徒步中国行：中国西部、蒙古印象》（*A Wayfarer in China: Impressions of a Trip Across West China and Mongolia*），书中有一段她对京张铁路的描述："京张铁路是中国人建造的第一条铁路，总工程师詹天佑造得可真棒……"（The Kalgan-Peking railway was the first thing of the kind constructed by the Chinese, and the engineer in chief, Chang-Tien-You, did the work so well...）京张铁路连接北京和张家口，是中国自建的第一条铁路，由中国铁路工程先驱詹天佑于清末主持修建，足见张家口当时的地位。

美国传教士布朗（Frank L. Brown）1914 年出版了他的东方见闻录

《主日学校的东方之旅》（*A Sunday School Tour of the Orient*），书中也提到了张家口："主要的团员待在北京，威尔伯博士却往北去，到张家口参观那座引人好奇的传教要站。"（While the main party was at Peking, Dr. Wilbur went northward to visit the interesting and important mission station at Kalgan.）

美国第 31 任总统胡佛（Herbert Hoover）年轻时去过张家口。他在 1951 年出版的回忆录《冒险年代1874–1920：美国总统胡佛自传》（*The Memoirs of Herbert Hoover, Years of Adventure 1874–1920*）中写道："有一次从山西返回的路上，我到了张家口，长城的一个关口。当天是平安夜，下雪，气温低于华氏零度[1]。"（On one occasion on a return journey from Shensi I came into Kalgan, a gate to the Great Wall of China, on Christmas Eve, with snow and temperatures below zero.）这是胡佛 1929 年就任总统之前的众多经历之一，他年轻时曾任矿冶工程师，到中国探采过煤矿。长城、关口、平安夜、下雪、低温，在美国总统的轻描淡写中，张家口的历史底蕴被烘托得如诗如画。

史料表明，张家口的毛皮贸易自古有之，明代已是中国的毛皮集散地，"皮都"之称名扬海外。张家口的旧名 Kalgan 逐渐与毛皮联系在一起，后来也转指张家口羊羔的毛皮（俗称"口羔皮"）。英文之所以兴起这样的用法，要从美国的一个皮货商说起。

美国时装品牌巴克拉克（Bachrach）以毛皮制品起家，创办人巴克拉克（Max Bachrach）1930 年出版了业内的标杆性指南《实用毛皮宝鉴》（*Fur: A Practical Treatise*），书中就描述了张家口的毛皮供销："张

1 零下 17.8 摄氏度。

家口位于中国北方的直隶，是恰克图 - 北平道的枢纽之城，由该城所供应的毛皮被运往前述的这些地区。”（Kalgan in Chihli, northern China, is a junction city on the Kiachta-Peiping route, and furs offered from that city are taken in the districts just mentioned.）此书影响力显著，张家口的旧称 Kalgan 便逐渐成为优质毛皮的代名词。

英语世界最权威的 OED 忠实记录了表“羊羔皮”的 Kalgan 的由来与演变。

1960 年，英国《卫报》首度把 Kalgan 作为普通词语，介绍了张家口的口羔皮：“伦敦从未见过的毛皮，像白色水貂皮的口羔皮。”（Furs never seen in London before. Among them were Kalgan lamb gill.）1970 年，《卫报》再次报道了口羔皮：“口羔皮的毛理蓬乱，野生麂子皮的外套可以用它来镶边点缀。”（A wild suede coat may be trimmed with shaggy Kalgan.）10 年前的伦敦对口羔皮因陌生而兴奋，10 年后口羔皮融入了英国人的生活，家常而平实。

1972 年，英国《泰晤士报》刊登了口羔皮服装的照片，图说里的 kalgan 第一次以首字母小写的拼法面世：“坎肩儿和战斗夹克以白色的口羔皮为衬里。”（Tank top and battle jacket lined in white kalgan lamb.）生活气息浓郁，好似商品广告。Kalgan 首字母大小写的改变，标志着英语词汇已经消除了它专名的特殊性，将其视为普通名词了。

北京冬奥会的 Zhangjiakou，用冰雪亮丽了今貌。上个世纪的 Kalgan，拂去了表面的尘土，露出的昔日光彩依旧照人。

英文里的“凤凰”

长久以来，我们总习惯把“凤凰”英译为 phoenix，把 phoenix 中译为“凤凰”。多本主流的英汉、汉英词典，也都强化了这样的词汇等价关系，说明凤凰与 phoenix 之间的互译是个根深蒂固的共识。现实生活中这样的例子有很多，如总部位于香港的凤凰卫视，英译就是 Phoenix Television；美国亚利桑那州的首府菲尼克斯（Phoenix），它传统的中译名就是“凤凰城”。这种做法虽约定俗成，但其实有待商榷，因为中国的凤凰和西方的 phoenix 存在着明显的差异，不好混为一谈。

根据《汉语大词典》所载，凤凰是“古代传说中的百鸟之王。雄的叫凤，雌的叫凰，统称为凤或凤凰。羽毛五色，声如箫乐。常用来象征瑞应”。《辞海》（第七版）的定义基本相同，但文中额外引述了《尔雅·释鸟》和两晋学者郭璞所作的注，我们才得以清晰地知晓，原来中国凤凰的形态是个综合体，结合了“鸡头、蛇颈、燕颔、龟背、鱼尾、五彩色、高六尺许”等几项特征。

《韦氏大词典》将西方的 phoenix 定义为“传说中的鸟。根据古埃及人的描绘，这种鸟在阿拉伯沙漠里活了五六百年，然后引火自焚，再从自己的灰烬中腾起，重现青春活力。常被视为不死与复活的象征”（a legendary bird represented by the ancient Egyptians as living five or six centuries in the Arabian desert, being consumed in fire by its own act, and rising in youthful freshness from its own ashes and often regarded as an emblem of immortality or of the resurrection）。

中英世界的权威辞书两相比对，凤凰和 phoenix 分属各自的神话传说体系，是两种截然不同的生物。因此，为了有所区别，有人把西方的 phoenix 另译为“不死鸟”。此译见诸文献已有一段时日，随着“出镜率”的不断提升，渐渐为人们所接受。有鉴于此，中国凤凰的英译也应调整，不该继续陷入 phoenix 的窠臼，久久无法脱身。

事实上，权威的英语词典已经以完全不同的形式收录过凤凰，只是我们对此知之甚少。

第一版 OED 于 1928 年问世，共十二卷。在此之前的数十年间，出版社曾逐本、依序发行分卷，让热切的读者先睹为快。资料表明，1898 年的一个分卷中就以音译的 fum（凤）收录了凤凰，并在词源里指出，这是 funghwang（凤凰）省略了 hwang（凰）之后的讹转。OED 将其定义为“一种神话中的鸟，欧洲人通称为 phoenix，在中国是皇室尊贵的标志之一”（a fabulous bird, by Europeans commonly called the phoenix, one of the symbols of the imperial dignity in China）。定义把中国的凤凰和欧洲的 phoenix 做了神话层面的对应与连结，这个早期的认知，或许成了后来凤凰、phoenix 混用的基础。

OED 另收录了 ho-ho（凤凰）一词，这个词多以 ho-ho bird（凤凰鸟）的搭配为人所知。OED 将 ho-ho bird 定义为“一种神话中的鸟，外形类似雉鸡，常作为勇气的象征”（a mythical bird of pheasant-like appearance used frequently as an emblem of courage）。其中“神鸟”“似雉”等描述都好理解，但不知说凤凰“象征勇气”，具体依据从何而来。OED 给 ho-ho 的词源很简略，只说源自汉语。我大胆猜测，ho-ho 可能由中国某个方言的音译讹转而成（如闽南语的“凤凰”读如 honghong）。另一种可能是，ho-ho 直接借自日文的“凤凰”（日文的“凤凰”读如 hō-ō，ō 表长元音），而不是 OED 认为的汉语。

OED 收录了音译的 fum 和 ho-ho (bird)，表明中国的凤凰有其独特性，不同于西方的 phoenix，应该从 phoenix 中抽离出来，另为处理。不过今天的 fum 已然废弃不再使用，ho-ho (bird) 也显过时，几乎就要退出语言的舞台。那么凤凰的英译，现在究竟该怎么说？

《韦氏大词典》给出了答案，它收录了 feng huang，用来作为引领词条的词目。《大英百科全书》也是这样处理的，它以 feng huang 收录了凤凰，在内文里详细介绍了这只中国神鸟，并在英文释名里指出，有人把凤凰视为“中国版的不死鸟”（Chinese phoenix），这虽常见但有误导性。

其实早在 1934 年，《韦氏大词典》的前一版就已经收了 feng huang，后来的版本在此基础上加以细化、优化、扩充。最新修订的《韦氏大词典》给了 feng huang 两条定义，第一条讲神话里的凤凰，第二条讲皇宫里的凤凰：1. 中国神话里的鸟，与龙、龟和麒麟共同守护帝国，降临于太平盛世。在艺术表现中其形态常被描绘为综合体，有时作为皇后的象征（the bird that in Chinese myth watches with the dragon, tortoise, and kylin over the empire and appears in times of prosperity and that is often represented in art as composite in appearance sometimes as a symbol of the empress）；2. 从前中国皇宫里饲养的一种鸟，羽毛华丽，形态动作优雅，与神话里的凤凰有关，象征祥瑞。有人认为这种鸟就是凤头眼斑雉（a bird with rich plumage and graceful form and movement domestic in the former imperial court of China, associated with the mythical feng huang as an emblem of good fortune, and identified by some with the ocellated argus）。

相较于 OED 过时的 fum 和 ho-ho (bird)，《韦氏大词典》的 feng huang 与时俱进，且对凤凰的描述更加深入，也更为丰富细致。

凤凰的传统英译名 phoenix（不死鸟）或 Chinese phoenix（中国不死鸟）虽流通广泛，但有明显问题，如此对应容易让大家产生错误的认知。英语世界的权威工具书，如牛津、韦氏等，都以音译为凤凰背书，以凸显凤凰的不同与中国的血统，值得我们重视。

需要留意的是，《韦氏大词典》给了 phoenix 这个词 4 条主定义，包含本义及各式引申义，最后一条主定义是个“互见”的 feng huang。这个编辑上“互见”的设计是词典学的做法，言下之意 phoenix 也可以是 feng huang，不过 feng huang 是主，phoenix 是次，详细的内容必须到主要的 feng huang 中才能查得。《韦氏大词典》的这个“互见”兼顾了理想与现实，既承认凤凰俗称 phoenix 的存在，又正本清源地告诉读者，feng huang 才是它推荐的正解。

英文 one 解密

首先我们来看 one 这个英文单词。大家有没有发现，one 的发音非常特别？在当今的标准英语里，one 与 won（win 的过去式和过去分词）同音，读如“万”（汉字标音无法精准，只求近似，下同）。然而按照现代英语的发音规则，元音字母 + 辅音字母 + e，元音字母读字母音，one 理当读如 own（拥有；自己的）。英文的拼写和发音不一致，长久以来一直为人所诟病，在此又得到了印证。

为什么会这样呢？简言之，one 在古英语（Old English）时期常写作 ān（读如“阿岸”，ā 表长音的 a），现在的 one 本属方言，并不规范，一直到早期现代英语（Early Modern English）时期才广泛流通，成为标准。

在细究 one 的发音之前，我们先了解一下相关的信息。

其实，表“一”的 one 还隐身于其他单词之中，常见的有好几个，不去探索还真不知道：

第一个是 once（一次）。词源表明，once 前段的 on 是 one 的变体，后段的 -ce 则是副词后缀 -s 的另一种拼法。这个 -ce 还见于 twice（两次，two + -ce，拼写调整）和 thrice（三次，three + -ce，拼写调整）。

第二个是 only（才；只；只有；只是）。有证据显示，only 原本拼作 onely，由两个成分构成，是 one 和形容词后缀 -ly 的组合。本义为“一个人的；没有同伴的”。后经拼写演变，才标准化为现在的拼法。

第三个是 alone（单独的；独自的；一个人的）。根据文献所载，alone 是由双词短语 all one（完全是一个人的）缩合省略而来。

第四个是 lone（单独的；独自的），这是由 alone 去头简化而成。由此加后缀，可造出 lonely（孤独的；寂寞的）和同义词 lonesome（孤独的；寂寞的），以及其他更进一步的派生词。

第五个是 atone（弥补；补偿）。该词原本是个双词短语 at one（定于一），“定于一”就是“没有分歧”，就是“和谐；一致”。atone 之所以有今义，或许可以这样理解：为了破镜重圆，重归于完整的一，主体所做的努力就是弥补过错、补偿损失。

第六个是不定冠词 an（一个）。文献资料表明，one 在古英语时期常写作 ān（读如“阿岸”），而 ān 则是 an 的前身。也就是说，最早的时候，an 和 one 本是同一个词，后来逐渐分化，一个成为冠词，另一个成为数词。

在现代英语（Modern English）的标准语里，不定冠词以 a 为主要形式，an 为次要形式，仅用于元音之前。然而资料显示，an 比 a 更为古老，an 反而是 a 的完整形式。源头 ān 在中古英语（Middle English）时期弱化，长音变短成为 an，继而鼻音 n 脱落，更进一步弱化，才出现了现代英语不定冠词的主要形式 a。

了解了这些相关信息之后，我们再回到 one 的发音问题上。鼻音暂摆一边，one 的元音 o 读如“袜”，而 only、alone、atone 等词同样由 one 派生而来，为何它们的 o 读如“呕”？

在语言的发展历程中，重读的元音经常会变成双元音。譬如拉丁文的 bona（意为“好”，形容词的单数阴性形式，元音 o 重读），到了意大利文就变成了 buona（o→uo），到了西班牙文就变成了 buena（o→ue）。在中古英语时期，one 也经历了类似的双元音化，这样的现象主要发生在英国的西南部。

历史文献表明，one 的元音发生了一系列的变化，所以整个词的发音，从古英语的 ān 演变到中古英语的 ōn（ō 表长音的 o），这个 ōn 的发音还保留在 only、alone、atone 等单词里。然而在此之后，one（once 也是）却因历史的偶然，走上了不同的发展轨迹。

在中古英语时期，one 的元音双元音化，整个词的读音从/ōn/变成两个音节的/uōn/，后来/u/弱化成为/w/，整个词的读音变为/wōn/，通过元音大推移成为/wun/，再弱化为/wʊn/，最后进一步弱化成/wʌn/。在英国西南部，类似的双元音化还出现在其他的单词中，如 oats（燕麦），在那里不读/əʊts/而读/wʌts/。历史的偶然告诉我们，只有 one 和 once 的双元音化广泛流通，最后成为英语的标准，其他类似的音变虽有，却依旧停留在方言的层次。

再谈一个相关的现象。许多人都知道 uni- 代表“一”，如 unicycle（独轮车）、uniform（一致的；制服）、unilateral（单边的；单方面的）。追根究底，末字母 i 只是个连结元音，真正核心的成分是 un，而这个 un（读如“物嗯”）则与 one、an 同源。

这个表“一”的 un 是个拉丁文的词根，法文、西班牙文、意大利文的 un、une、uno、una 等也都源自于此。该词根还隐藏在许许多多的单词之中，如 union（联合，un + -ion“名词后缀”，字面义为“聚众为一”）、unity（统一，un + -ity“名词后缀”，字面义为“单一”）、unique（独特的，un + -ique“形容词后缀”，字面义为“唯一的”）。

问题越是简单，想用三言两语讲清楚，似乎就越困难。万物之始的“一”，我尝试在英文里解密，虽不完美，但祈尚可。

first 和 one 是啥关系?

看似基本的，却往往复杂。英语领域中这样“似非而是”的情况屡见不鲜。

数字可细分为基数和序数。基数表基本的数量，如一、二、三；序数表事物的顺序，如第一、第二、第三。中文的数字系统相对单纯，在基数前加个“第”就成了序数。

英文基数和序数的关系也不复杂。大原则是，在基数后加 -th（第……）生成对应的序数，如 fourth（第四，four + -th），tenth（第十，ten + -th）。然而，英文中的第一个序数就打破了这条规则。

英文的“第一”是 first，不是 one 加 -th 的 oneth。这是个例外，是不规则变化。究其原因，语法书上没有交代，老师也没有说明。

first 和 one 的拼写天差地别，没有一个字母一样，因为二者本来就没有任何关联。这样的词汇关系，有点像语言学上的“异干互补”，就是用不相关的形式，来构成一组完整的构词变化。

异干互补最经典的例子之一，是英文动词“去”的三态变化：go、went、gone。过去分词 gone 与原形动词 go 的关系密切，是由 go 加上传统的过去分词后缀 -ne 而成（基本形式为 -en，比如 eaten“吃”、broken“破”，此拼法最为常见。这里 gone 的 -ne 为 -en 的变体。另有变体 -n，比如 born“生”）。然而其过去式 went 却“一枝独秀”，身处 go 和 gone 之间，宛如从天而降的异类。的确，因为 went 源自一个相“异”的词“干”wend（行；走），而 wend 与 go“互补”，构成一组完整的动词变化。

回到主题。first 之所以与 one 如此不同，也是因为它另有来源，词干相异。其实，first 与 before（以前）反而是近亲。

before 含两个成分，be-（在）和 fore（前）。be- 是前缀，与现在的介副词 by 有关。fore 是核心的词根，可单独使用，亦可用来构词（如 forearm“前臂”：fore“前” + arm“臂”），也可以用不同的拼写形式 for 来构词（如 forward“向前”：for“前” + -ward“方向后缀”）。

before 的 fore 还是 first 的源头，而 first 则是 fore 的最高级，本义为“最前”。古时用“最前”来表“第一”，这样的做法流传至今。我们须知，在古英语时期，单词的拼写百家争鸣，并无统一的标准。这里的 fore 和 first 是现代英语的规范拼法，历史上的异体字在此均省略不列，免增不必要的困扰。

说 first 是 fore 的最高级，可以从其构词中体现。first 由两部分组成：fir（“前”，fore 的变体）和 -st（“最”，最高级后缀）。核心的 fore 如前所述，此不赘言。词尾的后缀 -st，还出现在 best（最好）、most（最多）等少数最高级里。其实 -est 才是该词缀的基本形式，也最常见，如 fastest（最快）、nearest（最近）。

说到 fore 的最高级，不免让人想到 foremost（本义“最前的”，今义“最顶尖的；最重要的”）。一般都习惯将 foremost 拆解为 fore + -most（最高级后缀，另如 northernmost“最北”、topmost“最高的”），然而事实并非如此。追本溯源，foremost 在古英语时作 formest（字面义为“最最前”），后因受到 fore 和 most 的影响，因误解调整了拼写，积非成是才有了今貌。

formest 可以说是个“双重最高级”，formest 是 form（字面义为“最前”，古英语词干）的最高级（form + -est“最高级后缀”），而 form 本身已经是 fore 的最高级了[for(e) + -m“古英语最高级后缀”]。至于产生双重最高级的原因，当代语言学将这一现象归为“构词平整化”：第一次的最高级历时久远，原本突出的构词特征已经被“磨平”了，整个词语丧失了最高级的色彩，为了清楚起见，必须再进行一次构词行为，重新做出最高级的变化。

有趣的是，古英语 form 的双重最高级 formest 后来拼写讹化，演变成当今的 foremost，而 form 的比较级 former（以前的，form + -er “比较级后缀”）却延续至今。可惜的是，古英语 form 并没有现代英语的嫡系子孙，它的语义位置最后由 first 顶替。

英文用“最前”表“第一”，在拉丁文中也有类似的情况。拉丁文的“一”是 unus（词根是 un，与 one 同源），英文的 unity（统一）由此而来。拉丁文的“第一”也不是从“一”派生而来的，而是借用了本义为“最前”的 primus（词根是 prim，与古英语的 form 同源），英文的 primary（主要的）由此而来。un（读如“问”）与 one（读如“万”）同源，从拼写和发音上可以感受到这份渊源，而 prim 与 form 同源，则非得进一步说明不可。

拉丁文的 pre（变体 pro）意为“前；在前；向前”，如 prehistoric（史前的）、proclaim（宣布，字面义为“向前叫喊”）。按照历史语言学的“格林定律”，拉丁文的 p 对应到英文的 f，加上语言发展历程中发生的“语音换位”，pro（p 变 f）→fro（r、o 换位）→for。至于 prim 与 form 两个词根的尾音 m，则代表古英语和拉丁文共有的最高级后缀。因此，拉丁文“最前”的词根 prim（pri 是 pre 的变体），也就相当于古英语“最前”的词根 form。

无手机恐惧症：nomophobia

智能手机横扫各个年龄层，是生活中不可或缺的必需品，社会大众几乎人手一机。买票、乘车、购物、订餐、社交，一部智能手机几乎可以搞定一切。一旦出现没带手机、手机没电、手机没信号等情况，人们几乎寸步难行。

大多数人不可一日无手机，某些人甚至不可一刻无手机。不仅中国人如此，英美人士也是如此。我关注英文新词多年，留意到 nomophobia（无手机恐惧症）一词用得很多，充分反映了这种社会现象。

英文中每天都有新词出现，然而有些新词昙花一现，匆匆谢幕；有些则生命力旺盛，持续为人所用。后者能够进入权威英文词典安家落户，正式成为英文的一员。

记得我第一次看到 nomophobia 时，误以为看到的是 m 和 n 两个字母颠倒的 monophobia，后来读了前后文才发现，是我看走眼了。monophobia 的意思是“孤独恐惧症”，由 mono（单一）和 phobia（恐惧症）结合而成，指的是“害怕一个人，害怕独处”。两个单词非常相似，看错也在情理之中。

表示“无手机恐惧症”的 nomophobia 也有人翻成“无手机恐慌症”，已被正式的权威英英词典收录。一个单词是否被收录于权威词典，有其象征意义：收录了，说明有英文语言专家的认证和知名出版社的背书，代表的是使用该词的人口够多够广，影响力够深够远，有足够的稳定度；还没收录，代表该词的地位尚未稳固，发展前景有待进一步观察。

据我所知，目前有两部权威的英文词典收录了 nomophobia。其一是美国的《韦氏大词典》。该词典指出，nomophobia 这个新词于 2008 年首度见诸文献，由“no（没有）+ mobile（手机）+ phobia（恐惧症）”组合而成，指的是“因没有功能正常的手机可用所产生的恐惧”（fear of being without access to a working cell phone），并援引来自真实语料的例证加以说明。由其派生而来的形容词 nomophobic（无手机恐惧症的；没有手机就恐慌的）随附在后，也有语料作为佐证。

英国大型权威词典《柯林斯英语词典》也收录了 nomophobia，解释得比韦氏更详尽，指的是“因手机不在身边或无法使用手机所导致的紧张状态”（a state of stress caused by having no access to or being unable to use one's mobile phone），只是柯林斯并没有提供任何例证。

遗憾的是，我最关注的 OED，迄今尚未收录。

现象造就词汇，词汇反映现象。nomophobia（无手机恐惧症）所反映的心理焦虑与社会现象正在萌芽发酵，值得我们密切关注，盼能加以重视并早日找到解决方案。

铁律松动：还坚持“play the 乐器”吗？

说到英文使用的对与错，许多人都受到初学时的制约，被早期的认知左右了之后的判断。然而语言是活的，是多维度的，是不断演变的，无法做到一条规则用到底。

初学英语时，受主客观条件影响，教材和教师不得不向“规范”靠拢，提供单一、绝对的标准。随着语言学习的深入，我们可能需要修正既有的认知，甚至摈弃深信不疑的铁律，重新再来。

我曾为文探讨过英文的搭配问题，得到了一些专家的反馈。其中一位是国内某外语出版社的资深编辑，另一位是某985高校英文系的资深教师，两位不约而同地提到了“play the 乐器”（演奏乐器）。他们指出，这条规则虽有待商榷，却深深烙印在大家的脑海中，至今仍是个必考的考点。考试时，乐器前不加定冠词就算错，没得商量。

在我的学生时代，老师也一直强调：“演奏乐器”要说“play the 乐器”（如 play the piano“弹钢琴”），要有定冠词 the；“打球”“玩游戏”要说“play 运动/游戏”（如 play basketball“打篮球”、play chess“下棋”），没有定冠词 the。这条规则我背得滚瓜烂熟，以免考试被扣分，至今仍熟稔于心。

事实真是这样吗？证据表明，“play 运动/游戏”基本如此，而“play the 乐器”则未必。

外语学习需重视规范，我们不妨查阅以规范为导向、针对外语学习者的高阶学习词典，看看它们是如何看待这个问题的。

英国的 OALD 畅销全球 70 余年，在 EFL（作为外语的英语教学）领域一言九鼎。查阅 play 这个词条关于演奏乐器的义项，我们看到了 play the piano（弹钢琴）、play the violin（拉小提琴）、play the flute（吹长笛），可是也出现了 play sax（吹萨克斯管）、play trombone（吹长号）这种乐器前不带定冠词的说法。

美国的《韦氏高阶》为后起之秀，主打美式英文，以例句丰富为其重要特色。同样查阅 play 这个词条关于演奏乐器的义项，除了典型的 play the violin 和 play the piano 之外，也收录了没有定冠词的 play guitar（弹吉他）和 play drums（打鼓）。

查阅另外 4 部高阶学习词典（朗文、柯林斯 COBUILD、剑桥、麦克米伦），结果符合传统的认知，例句里 piano、violin、clarinet（单簧管）的前面都加了定冠词。值得留意的是，朗文有个“来自语料库的例句”（Examples from the Corpus）的栏目，里面的例句非常丰富，竟出现了和韦氏 play drums（打鼓）不同的 play the drums（打鼓），到底该听谁的?

事实上，两者都可以。

英国知名的英语教学专家麦克尔·斯旺（Michael Swan）就谈到了这个问题。他在其代表作《牛津英语用法指南》（*Practical English Usage*）中分析道，在泛称某种乐器、谈论演奏某种乐器时，常用“the + 单数乐器”（We often use ***the* + singular** when we talk about musical instruments in general, or about playing musical instruments.）。不过如果谈论的是爵士乐或流行乐，定冠词通常可以省略；谈论古典音乐，定冠词有时也可以省（But *the* is often dropped when talking about jazz or pop, and sometimes when talking about classical music.）。

高阶学习词典的例证在前，英语用法指南的分析在后，“play the 乐器”这条规则已经松动，刷新了我们的认知。类似需要更新的“铁律”还有多少难以估算。语言浩瀚如海，灵活引申，才能与时俱进。

ping-pong 源自中文?

学英文时，教材和老师都会提到乒乓球有两种说法，其一是 table tennis（桌上网球），其二是 ping-pong（乒乓，拟声词）。

table tennis 很好理解，把在草地上打的网球（tennis）搬上桌（table），有些地方也称“桌球”。至于 ping-pong 则模拟了小球碰撞的乒乓声，非常直观。

文献证据表明，乒乓球起源于 19 世纪末的英国，最早叫作 table tennis。传到美国之后，有制造商以赛璐珞（celluloid，一种合成塑料）为材质做球，因其独特的声响而注册了 Ping-Pong 这个商标，专门从事乒乓球器材的生产。后来 Ping-Pong 的首字母也可小写为 ping-pong，泛指乒乓球运动，20 世纪初在美国风行一时。

这是我一直以来对 table tennis 和 ping-pong 的理解。最近，我的理解受到了动摇，而动摇我的，是位认识多年、在国内某高校任教的英语词汇专家 Z 老师。

在我发表了《铁律松动：还坚持“play the 乐器”吗？》的语言科普小文之后，得到了各界不少的反馈，Z 老师很认真，在朋友圈转发，把点评当小论文来写，聚焦定冠词的用法，我读来深有同感。他在文中提到，作为名词的 US（美国）前要加 the，并举 CNN 的新闻标题“Can the US and China ping-pong their way to peace again?”为例，说“这个源自中文的 ping-pong（乒乓球）名词用作动词了”。

ping-pong 由名词转作动词，这在英语构词法中称为词类转换，并不稀奇。让我意外的是，Z 老师说 ping-pong 源自中文。

这个观点和我长久以来对 ping-pong 的认知不同，加上我研究英文里的汉源词多年，手边的清单上并没有 ping-pong。于是我委婉地评论道：“一点小小的分享——ping-pong 似乎是拟声词，也是由拟声词而来的一个商标名，好像不是源自中文。”

不久，Z 老师便给了我回复：“哈哈，斗胆与曾博士商榷一番。ping-pong 是拟自‘乒乓’的拟声词不假，但用作商标名我却尚未听闻，不知道是哪个国家、哪类产品的商标？我任教英语词汇学有年，教材大多引例 ping-pong 源自中文，且读音与粤语中的‘乒乓’高度一致，加上乒乓球贵为我国国球，英语单词源自中文符合我们的一贯思维。曾博士认为这个词源自何处呢？”

Z 老师斩钉截铁，我虽心中有疑，但保不准是自己之前的理解有误，却毫不自知，必须再次求证，检验所学。既然 ping-pong 是英文单词，我自然选择求助 OED。

OED 在“来源”（Origin）这个栏目中分析了构词法，说 ping-pong 是“模仿性或表现性的构词”（an imitative or expressive formation），也就是拟声词。在接下来的“词源”（Etymology）栏目中，OED 讲得更详细，说 ping-pong 是“模仿打球时球在球拍和球桌之间交替接触所发出的独特声响”（imitative of the distinctive sounds emitted during the game when the ball makes alternate contact with the bat and the table）。

由此可见，ping-pong 并非外来语，而是拟声词。至于 Z 老师问到的“不知道是哪个国家、哪类产品的商标”，OED 也在“乒乓球运动”这一义项的附注里明确表示这是“一个美国的专利商标名”（a proprietary name in the United States）。

再往下看，ping-pong 的第一条书证出现在 1900 年 5 月 8 日的美国

《每日纪事报》（*Daily Chronicle*），文中出现的 playing Ping-Pong（打乒乓）用的是首字母大写的 Ping-Pong，表明这是个专名，是产品名称。

如果我们相信 OED，那么 Z 老师提到的教材引例恐怕有误。至于说 ping-pong 的读音与粤语中的“乒乓”高度一致，可能就如表示猫叫声的 meow 和“喵”，是拟声词所展现的跨语言特性吧！

appreciative（感激的）和 interfere（干涉）的固定搭配

我在大学里教授词源学，除了教课以外，我也在逐步熟悉全国各类相关的自编教材。在随手翻阅的过程中，总能发现一些英语方面的疑问，或拼写，或标点，或音标，或语义，或搭配，或语法。

英谚有云，“To err is human.”（犯错乃人之常情。）。语言文字也是如此。权威的 OED 举世推崇，历经各界百年的检验，至今仍时有错误。我把在 OED 中发现的错误挑出来反馈给英国总部，他们核实过后也从善如流，在修订时予以改正。

我在某本教材里发现了几个疑似的问题，希望依靠词典的权威性，来证实我的判断。我先从高阶学习词典着手查起，这类词典主要有牛津、朗文、柯林斯 COBUILD、剑桥、麦克米伦、韦氏六大品牌。这些词典对英语的解析透彻可靠，个别词典若有不足，通过其他几本的补充，多少也能拼凑出大致的样貌。要是碰到搭配问题，高阶学习型的牛津和《BBI 英语搭配词典》（*The BBI Combinatory Dictionary of English*），也是不错的选择。

我在随手翻阅教材时，首先留意到的是 appreciative（感激的）。这个形容词后若有感激的事物，介词用什么？教材里给的答案是 appreciative for，我觉得不太对劲。一查，印证了我的直觉，上述 6 本高阶英语学习词典都以黑体字标出了 appreciative of 的固定搭配。同样是表示“感激”的形容词，thankful 和 grateful 后先加 for 再接感激的事物，而 appreciative 却习惯加 of。同义词彼此的意义相同或相近，但它们各自的搭配不见得一样。

同一本教材还把 interfere（干涉，介入；妨碍，干扰）当成及物动词使用。我一直记得 interfere 是不及物动词，后面若有宾语，得先加介词 in 或 with，然后再接宾语。我查了一下，确实如此。以 OALD 为例，词条清楚标明 interfere 是不及物动词，并以黑体标示 interfere in（干涉，介入）的固定搭配，如“The police are very unwilling to interfere in family problems.”（警方很不愿意介入家庭问题。）。词条也列出短语动词 interfere with（妨碍，干扰），如“She never allows her personal feelings to interfere with her work.”（她从不让个人感情妨碍工作。）。我又查了其他 5 本同类型的词典，结果也是一样：interfere 是不及物动词，后面若有宾语，得先加 in 或 with 再接宾语。

“二月”的英文，连美国白宫都会拼错

英文的二月（February）不好拼，连白宫都多次在新闻稿里拼错，把中间两个字母对调，误拼成 Feburary。美国前总统奥巴马为了演讲，也努力练习 February 的正确发音，以免贻笑大方。

英文大多是表音文字，怎么念就怎么写。但由于历史上的种种原因，发音与拼写的对应并不严整，甚至存在着许多匪夷所思的例外，连英美人士自己都解释不清。

白宫会把二月 February 拼成错误的 Feburary，其实有迹可寻。February 的两个 r 靠得太近，发音比较别扭，容易导致语言学上的“异化”，也就是相同的两个音变得不同。加上受到一月 January 的影响，许多美国人会把 February 念成与 January 押韵的 Febuary。然而他们似乎又知道，“二月”中应该还有一个 r，于是一个折中但错误的拼写 Feburary 就此产生。

英文单词发音与拼写的问题存在已久，令人费解的例子不胜枚举。试想，一样的 gh，为什么出现在 ghost 中念/g/，出现在 night 中不发音，而出现在 enough 中又念/f/?

产生这一现象的原因有很多，牵涉到整个语言的发展史。如英语大量吸收外来语，搅乱了本身的发音规律，加上英语史上知名的“元音大推移”，使语音发生了改变，而拼写仍不动如山。

语言演变造就了这些乱象，长期以来一直困扰着英语人士。历史上，许多英美的有识之士都曾想简化单词拼写，也提出过具体的改革方案。如已故爱尔兰剧作家兼评论家萧伯纳（George Bernard Shaw）就是个热心的拼写改革者。他曾以 ghoti = fish（enough 的 gh + women 的 o + nation 的 ti）来突显英文拼写的荒谬，晚年更是致力于推动"一音一字母"。然而当这类尝试遇到人们顽固的习性，总是无疾而终，以失败收场。

英国有个英文拼写协会（English Spelling Society），成立百余年来，一直致力于简化英文的拼写，希望使英文易学、易记。该协会主张英文怎么念就怎么拼，推荐用 ar 代表 are，用 hav 代表 have，用 lern 代表 learn，用 munny 代表 money。但英文的使用范围太广，使用人口众多，且语言是约定俗成的，不是一家之言。因此，即便由英国文化协会（British Council）这样的权威组织出面整合推广，也难以达到理想的效果。

英文拼写协会为简化英文所做的努力在历史的车轮前可谓是螳臂当车。英语母语人士只能通过定期举办拼写比赛，在电脑中安装拼写检查程序，或在书店里摆满与拼写相关的书籍等措施来强化自身的拼写能力。我们广大的英文学习者只得按部就班、老老实实地学习要领、强记硬背了。

看来，对于英文拼写，我们除了把词念对、掌握规律之外，还得认清事实：背诵的功夫绝不可少。当然，如能具备英语构词方面的基本知识，有办法将单词拆解成一个个小零件，那么这记忆的苦差事肯定能事半功倍。

熊猫萌娃冰墩墩

2022 年北京冬奥会的吉祥物冰墩墩成为顶流，市场上"一墩难求"。昔有洛阳纸贵，今有"北京墩贵"。

2021 年 10 月我应邀到北京，出席商务印书馆《英语世界》庆祝创刊 40 周年的座谈会。会后我逛了逛冬奥纪念品特许商店，当时店里人气不高，我对冰墩墩也无感，看了两眼就空手离开。唉，只怪自己没眼光，千金难买早知道。

冰墩墩的英文是 Bing Dwen Dwen，不是汉语拼音的 Bing Dun Dun，这样拼写的初衷估计是方便不熟悉汉语拼音的国际人士。容我鸡蛋里挑根骨头，Dwen 的拼法可能会让人读作 Dwayne /dweɪn/，是国际知名影星道恩·强森（Dwayne Johnson）的名字，和"墩"的发音有着明显的差别。如果命名能够重来，同样出于友善西方的考虑，我倒觉得不妨把"墩"改拼为 Doon /duːn/（与 noon 押韵），这样发音上或许更接近，冰墩墩，Bing Doon Doon。

冰墩墩是只熊猫化身的呆萌娃娃。熊猫是中国特有的珍稀动物，是中国国宝，也是世界自然基金会（World Wildlife Fund，简称 WWF）的形象大使，不只中国人自己喜爱，全世界也有许多人为之疯狂。

熊猫的英文是 panda，全称是"大熊猫"，英文称 giant panda（巨型熊猫），美国也有 panda bear（熊猫熊）的说法。另有小熊猫，英文说 red panda（红熊猫），也说 lesser panda（较小的熊猫），形似浣熊（raccoon），皮毛呈红褐色，尾粗长、有环纹。小熊猫的英文另有两个别名，cat bear（猫熊）和 bear cat（熊猫）。

英文的panda，最早指的是印度、尼泊尔山区的小熊猫，因为它先于大熊猫被发现。人们一开始以为二者是近亲，便用大（giant）、小（lesser）加以区分。之后进一步的证据表明，小熊猫和浣熊（raccoon）、臭鼬（skunk）、黄鼠狼（weasel）是近亲，和大熊猫的亲缘关系较远。大熊猫与棕熊（brown bear）、黑熊（black bear）、灰熊（grizzly bear）、北极熊（polar bear）是近亲，是熊（bear）的一种。

虽然panda原指小熊猫，但大熊猫实在太讨喜，关注度又高，panda的语义便发生了倾斜，现多指中国国宝大熊猫。若要特指小熊猫，那么panda之前要有修饰语，如red panda或lesser panda。大熊猫看似“鸠占鹊巢”，但本质并非如此。这样的流动没有外力介入，而是语言内部自我调节的自然现象，在使用的过程中发生了语义的变化。

现在一提panda，就联想到黑白相间、胖墩墩、萌萌呆的大熊猫。这样的联想创造出三个英文词组，其一是panda car（熊猫车），这是一种小型轿车，胖墩墩的，在英国常被拿来做警用巡逻车。

其二是panda crossing（熊猫线），这是斑马线（zebra crossing）的变体。行人过马路时，地上常会划有标线作为人行横道（pedestrian crossing）。经典的是斑马线，在黑色的柏油路上漆上白线，模仿斑马身上黑白相间的条纹。上世纪60年代，英国也曾试过“熊猫线”，模仿熊猫肩上的V形斑纹，在马路上划出黑白相间的V形线条。想走熊猫线横穿马路的行人，需先在路边按按钮启动交通信号灯，警示来往车辆，以利自身安全通行。

熊猫线现已不用，被pelican crossing（鹈鹕线，自控人行横道）所取代。这里玩了个文字游戏，取pe[destrian] li[ght] con[trolled]（由行人控制灯号）各单词的第一音节缩合而成pelicon，再调整拼写为pelican，以延续用动物命名的传统。

其三是 panda eyes（熊猫眼，黑眼圈），这个描述非常形象，指的是大大的黑眼圈。大范围眼影的烟熏妆、睡眠不足或受伤导致的淤青，都能用这个词来形容。形容词用 panda-eyed（有熊猫眼的；有黑眼圈的）。

有人把 panda 戏称为“胖达”，音义兼具，萌感满满。熊猫虽是中国国宝，但文献证据表明，panda 源自喜马拉雅山区的尼泊尔语（Nepali），不是汉源词。

& 是“和号”，@ 是“在号”

& 和 @ 是两个流通甚广的常用符号，虽有俗称，至今似乎还没正式的中文名，我建议把 & 翻成“和号”，@ 翻成“在号”。

我曾在大学英语系开授过一门“英语构词法”的选修课，介绍到英文里借自拉丁文的外来语 per se（本身；本质上）时，顺便以 &（表示 and 的符号）的英文名 ampersand 为例，指出 ampersand 这个词内隐藏着 per se。

ampersand 是 and per se and（& 本身就是 and）发音的讹化。我想把 ampersand 翻成中文，查了手边所有的权威工具书，只看到符号与汉字夹杂的“& 号”，觉得两个文字体系混用并不理想，甚至有点不伦不类。

许多源自西方的符号，标点符号也好，运算符号也罢，中文翻译经常都是“～号”，如逗号（comma）、星号（asterisk）、加号（plus sign）。循着这条思路与做法，把 & 翻成“和号”（表示“和”的符号），合情合理，值得推广。

另外，@（英文名 at sign）的中文也是个问题。这个符号常以音译的“艾特”为俗称，也有一些地区把它称为“小老鼠”，至今都没有正式的中文名。由于 @ 代表的是英文的 at（在），因此我建议把 @ 翻成“在号”，作为这个符号的正式中文名。

把 & 翻成“和号”，把 @ 翻成“在号”，这两个新的说法可视为正式用语，并不影响坊间流通的俗称。

借此机会，我把常见的符号整理条列如下，附上中英文，供读者朋友参考。

【 , 】逗号 comma

【 . 】句号 period 或 full stop

【 ? 】问号 question mark

【 ! 】感叹号 exclamation mark 或 exclamation point

【 “ ” 或‘ ’ 】引号（统称）quotation marks

【 “ ” 】双引号 double quotation marks

【 ‘ ’ 】单引号 single quotation marks

【 ’ 】撇号 apostrophe

【 [ ] 或 ( ) 或 { } 或〈 〉】括号（统称）brackets

【 ( ) 】圆括号/小括号 round brackets 或 parentheses

【 [ ] 】方括号/中括号 square brackets 或 brackets

【 { } 】花括号/大括号 curly brackets 或 braces

【〈〉】角括号/尖括号 angle brackets 或 chevrons

【 : 】冒号 colon

【 ; 】分号 semicolon

【 — 】破折号（长）dash

【 - 】连字符（短）hyphen

【 … 】省略号 ellipsis

【 / 】斜线 slash

【 \ 】反斜线 backslash

【 & 】和号 ampersand

【 * 】星号 asterisk

【 @ 】在号 at sign

【 # 】井号 number sign 或 pound sign 或 hash

【№】数字符号 numero sign

【=】等号 equals sign 或 equal sign

【+】加号 plus sign

【–】减号 minus sign

【×】乘号 multiplication sign

【÷】除号 division sign

【√】根号 radical sign

【%】百分号 percent sign

【^】脱字号 caret

【～】波浪号 tilde

【|】竖线 vertical bar

【°】度数符号 degree symbol

【′】角分符号 prime

【•】项目符号 bullet

【§】分节符号 section sign

【¶】段落符号 pilcrow 或 paragraph mark

【$】美元符号 dollar sign

【©】版权符号 copyright symbol

【®】注册商标符号 registered trademark symbol

【™】商标符号 trademark symbol

从“脱裤子放屁”的英文说起

网上流传过一段英文采访视频，在嘻笑和赞叹之余，让我想到了一些词语翻译的问题。

第78届金球奖“音乐及喜剧类”电影最佳女主角，英国知名演员罗莎曼德·派克（Rosamund Pike）拥有一个纯正的中文名——裴淳华。这是她那热爱中国、自学汉语成才的英国伴侣给起的。他们的孩子从小就跟着爸爸学，普通话说得既流利又地道。她相当喜欢这个名字，并要求中文媒体放弃之前的音译名，改用“裴淳华”来称呼自己。

金球奖颁奖前，一档喜剧类谈话节目连线采访了裴淳华，主持人知道她也在学汉语，希望她能讲两句。她便把孩子们教她的俗语搬出来，字正腔圆地说了句“脱裤子放屁”，并把它直译为 taking your trousers off to fart。

节目现场随即爆发出热烈的掌声和笑声。主持人也乐坏了，说能拥有这种表达的国家民族，真是让人爱死了。

裴淳华接着解释道，做了多余而不必要的事，多此一举，就是“脱裤子放屁”。主持人豁然开朗，说这就像是“培根上的黄油”（butter on bacon）。在座的嘉宾连连点头，觉得这个形容既有趣又贴切。裴淳华在最后建议观众，如果想学一句中文，不妨试试这句，非常好用。

其实，“脱裤子放屁”在英语中有对应的惯用语可以套用，如 to gild the lily（给百合花镀金）、to overegg the pudding（在布丁里加太多鸡蛋），等等。主持人所说的 butter on bacon（培根上的黄油），或加了动词的完整版 to put butter on bacon（在培根上涂黄油），也可以表达同样的意思。

在学习中译英时，老师要求我们从英文中寻找答案，英文必须地道，要避免中式英文。如果找不到完全相符的，那就找最接近的。不求漂亮的高分，但求及格过关。这种行之有年的标准做法，是跨文化沟通的稳定基石。然而语言是活的，有弹性也有创造力，倘若一味按标准来，恐会让语言缺氧，丧失弹性，抹煞本该有的创造力。

此次裴淳华在节目中直译了“脱裤子放屁”，因比喻鲜活独特，意象生动传神而给人留下了深刻印象。但把“脱裤子放屁”直译为 to take your trousers off to fart，并不是裴淳华的独创。中英双语在彼此交流时，早就有人做过尝试，另一个版本的 to take off your pants to fart 似乎更为常见。这让我们不禁感叹，长久以来都不受重视，甚至遭到鄙视的直译，也是中译英里一种不错的选择。

把中文直译成英文，最有名的当属“好久不见”（long time no see）。这种用法本是难登大雅之堂的洋泾浜英语，文法不符合英文习惯，却因缘际会，在全球范围内通行，英文词典也多有收录。另一个比较常见的例子是“丢脸”（to lose face）。to lose face 已被 OED 收录，是英文里的标准说法，甚至还是专业术语，是语用学的重要概念。

美籍华裔作家裘小龙（Qiu Xiaolong）以英文创作的侦探推理小说畅销欧美，作品的文字风格与众不同，处处散发出独特的中国味。他的第一部小说《红英之死》（*Death of a Red Heroine*）获得了世界上最重要的推理奖项之一“安东尼奖”（Anthony Award）的肯定。在这部获奖作品中，裘小龙为了描述上海新兴事物在短时间内的大量迸发，修辞上舍弃了英语中老掉牙的 to mushroom（像蘑菇一样地迅速增长），回归中文的“如雨后春笋般”，把它直译为 to sprout like bamboo shoots after a spring rain。结果这句英文被美国全国性的书评节目挑出来大加赞赏，说这个比喻不落俗套，既新鲜又有诗意。被我们嗤之以鼻的中式英文，却得到了英语世界的肯定。说明只要翻译到位，直译同样能够活灵活现、引人入胜。

成语“井底之蛙”在中国家喻户晓，井底下的青蛙只能看到井口那么大的一小片天空，用以比喻见识狭隘的人。以往英译“井底之蛙”都会在英文里找答案，如用既有的 to see no further than the end of one’s nose（最远只能看到自己的鼻尖）。如果回归中文，改用直译，把它翻成 a frog at the bottom of a well，是否也颇具特色？英文是朝下看自己的鼻尖，目光就这么短浅，中文是抬头看井口的天，世界就这么狭小。不同的视角，不同的比喻，却殊途同归。

将一种语言文化里了无新意的陈词滥调移植到另一种语言文化，说不定能产生意想不到的化学反应，关键就在于适度、合理的直译。中文元素的加入能够丰富英文表达，对英语人士而言，因文化差异而散发出的异国风味，可能既迷人又让人喜爱。

李安执导的电影《卧虎藏龙》获奖无数，堪称武侠片的颠峰之作。英文版片名 *Crouching Tiger, Hidden Dragon* 就是在英文框架下的直译。一方面遵循了文法规则，顾及到英语人士的语感，另一方面在温和的守成中渗透出谜样的创意，给人丰富的想象空间。

一些中式英文在网上广为流传，如 people mountain people sea（人山人海）、good good study, day day up（好好学习，天天向上）、you can you up（你行你上啊）、no zuo no die（不作不死）、give you some color to see see（给你点颜色瞧瞧）。这些说法违反了英文文法，让英语人士不知所云，只能视为搞笑之作，当作茶余饭后的谈资。然而话说回来，no can do（不能行）和 add oil（加油），虽也是僵硬的中文直译，却被英文认可、接纳，收进了词典泰斗 OED。

翻译见仁见智，常无定论。语言的递嬗演变也可能出人意表，有时甚至让铁口直断的专家灰头土脸，让教科书式的金科玉律生锈长斑。适时地运用合理的直译，沿用中文的比喻措辞，顺着英文的规则来组织，以低调的方式为两种语言牵线搭桥，做个有主体性的文化交流。这种心态和做法，应该阻力较小，也是比较稳妥的吧。

这样的英语是错的?

我有位老师前辈，早年在英语教学界颇有名气，后来举家移民北美，在当地开班教华人英文，如今已逾古稀之年，依旧坚守在教学岗位上。他留意中式英文数十年，累积了大量的数据。前一阵子告诉我，说他将以此为基础，出书给中式英文纠错，以免大家继续犯同样的错误，并希望我能帮忙看看书稿，给点意见。他特别体醒我，尽量挑毛病，千万不要客气。

不久之后，我就收到了书稿，两三百页的篇幅，都是前辈的经验荟萃，不免望之俨然，战战兢兢。

才一开始我就发现，书中论证措词所营造出的氛围让人有点不自在。“不能”“不可以”“不对”“错误”等字眼反复出现，贯穿全书。多维度的语言被一刀切成非对即错，这和我所受的西方语言学训练有所扞格。

我知道前辈的大作有其针对性，面向的是学英文的华人，这个群体需要有所依靠，需要有规范性的“标准”指引，不宜拿语言学的描写主义来看待。然而旗帜鲜明地强调“错误”“不可以”，又过于黑白分明，实是不妥。语言是活的，可以挪用比喻，可以创新演变，难用一时一地的标准去论断对错。即使受过良好教育、对语言敏锐的母语人士，囿于自身的条件，受限于自己的知识见闻，也可能失之偏颇。因此我向他建议，应尽量避免用“正确”“错误”等刚性的绝对用语来标注，或可考虑用“建议”“不建议”等柔性的标签取而代之。

待我认真地逐条审读，发现前辈的某些判断也和我的直觉不同。

母语人士的直觉尚且会有瑕疵不足，更何况英文并非我的母语？于是我一有疑问，就立即查阅权威词典，以下我象征性地挑选几例，请各位评判。

书稿说，download a lot of information from the Internet（从互联网下载很多信息）的介词 from 不对，要用 on 才对。我认为 on 表静态的“在”，from 表动态的“从”，此处用 from 为宜。比如 OALD 的例句就用 from：“If you download pictures from the internet, check the terms of use.”（若从互联网下载图片，要确认使用条款。）。《韦氏高阶》的例句表明，用 from 或 off 都可以：“She downloads songs from/off the Internet.”（她从互联网下载歌曲。）。

书稿说，“在工作日”用 on working days 不对，要改成 on workdays 或 on weekdays，我看了满腹狐疑。经广泛查阅，各高阶学习词典几乎都表明，美式英文习惯用 workday，英式英文习惯用 working day，后者并非不规范的中式英文。

书稿说，“犯错”是 make a mistake，而 a mistake happens 是错误的搭配。我查阅了牛津和 BBI 这两本权威的搭配词典，二者都明确列出了 a mistake happens 这样的搭配。

再举一例。书稿说，eat McDonald’s（吃麦当劳）不正确，要改成 eat at McDonald’s（在麦当劳吃东西）才对。这个论断貌似有理，McDonald’s 是美式快餐的连锁餐厅，我们怎么可能把餐厅吃进去？按照逻辑，的确应该在 McDonald’s 前面加介词 at（汉语中的“在”，比 in 的范围广，可指餐厅里外）。可是，语言不是逻辑。

前辈对 eat McDonald’s 这个说法的判断，让我想到了 eat Chinese（吃中国菜）。我第一次看到这种说法时吓了一大跳，还以为要吃中国人。

后来才明白这里的Chinese指的是中国菜，是语义的引申，是一种词典经常不收的语言活用。事实上，口语是可以说eat McDonald's的，有不少例子，还都出自有份量的书报媒体。比如英国知名的《独立报》（*The Independent*）就出现过这样的句子："Williams ate McDonald's every single day, eating everything on the menu at least once."（威廉每天都吃麦当劳，菜单上的每种菜品起码都吃过一次。）。当然，这是进阶一点的用法，不过前辈斩钉截铁说不对，措词未免过于强烈。

在语言面前，我们应当谦卑。话说得太满，太绝对，万一出现反面例证，就很难收场了。The more we know, the more we know we don't know.（我们知道得越多，就越知道我们有所不知。）我也应该自省，并以此自勉。

英语学习，摆脱制约

在我生长的年代，初一才学英语，方法是传统的路子。求正确、要标准，是我从小就养成的习惯。句子，经常得先组织好，合语法、有把握再开口。发音，总是提前确定单词的音标、重音，知道读法才愿意张嘴。

这样僵化的思维，我已逐渐学会放下，但直到今天，我仍然难以完全摆脱这个下意识的制约。在语言产出的过程中，如果把问题简化，只考虑正确性和流利度这两个参数，那么我觉得，我依旧会不自觉地偏向正确性。

初中时期，有个同学让我印象深刻。他和我一样热爱英语，喜欢跟我用英语交流、讨论英语问题。有一回，他指着碳酸饮料品牌“黑松”的广告，问我上面英文 Hey Song 的 Hey 是什么意思。那时我们初一，已经在课本上学过首字母小写的 song（歌曲），可是 hey（嘿，感叹词）还没学到，我当场愣住，答不上来，换来他一脸得意的微笑。

切磋久了，他也知道我的英语很棒，大小考试几乎都拿满分，某次还特地称赞我说“Your English is very good!”（你的英语很好！）。当时的我没有因此而得意，反而专注于他这句话的措词逻辑，觉得他表达的是中式英语。我死脑筋又自以为是，逮着机会回敬一番，纠正他说，English 又不属于任何人，怎么可以说 your English、my English 呢？这句话应该要说“You speak English very well!”（你英语讲得很好！）。他这句话其实没错，却被我泼了一盆冷水，原本笑眯眯的脸庞逐渐暗沉，沉默不语了好一阵子，这次轮到我心中窃喜。

年岁渐长，见识日广，我早已不再那么趾高气扬，动不动就与人较劲，寻思着压倒对方。英语学得越多，对语言本质了解得越深，我才体悟到自己年幼时的冲动和坚持，如今看来实在是无知可笑。学生时代养成的许多观念、学到的各种标准答案，慢慢地都开始松动，甚至要打掉重练，从头学起。

有英语词源学的同行曾经分享说，英文单词 painter 除了“画家”“油漆匠”这两个常见的意思之外，还可用来指称系船用的缆绳“系船索”。老实说，我学习、研究英文半辈子，真没注意过 painter 居然还有这个意思。况且这是个在 OALD 中就能查得的普通词语，非专业术语，非古词、废词、方言词，也非外来语。因此，如果一碰到 painter 就本能反应地把它理解为画家（或油漆匠），得到奇怪的译文却还马虎放过，其结果就是严重误译、闹出笑话。

越是日常的词汇，我们似乎越容易轻忽，以为已经完全掌握了，事实可能并非如此。于不疑处有疑，有一丝疑惑就要求证，不要太相信自己从小就形成的认知。

许多习以为常的基础词汇，我们在翻译时容易受到初学记忆的影响，没有意识到它们还有其他常见意思。而这些被忽略的意思往往成为翻译时的地雷，一不小心就会瞬间引爆。兹举数例。

garden（花园），也可以是种蔬菜的“菜园”（如 vegetable garden，菜园）、种香草和药草的“芳草园”（如 herb garden，芳草园）、种果树的“果园”（如 fruit garden，果园）、住家前后的“院子”（英式英文，如 back garden，后院）、供大众休闲娱乐的“公园”（如 botanical garden，植物园）、街道名称的“街”（英式英文，词尾加 s，如 Burlington Gardens，伯灵顿街）、大型室内文娱空间的“馆”（美式英文，如 Madison Square Garden，麦迪逊广场馆，俗译“麦迪逊广场花园”，纽约市著名的运动、表演室内场馆）。

fruit（水果），也可以是植物的“果实”（如 the fruit of the oak，橡树的果实，即橡实，橡子）、努力付出而获得的“成果”（常用复数，如 the fruits of their labors，他们劳动的成果）、大自然的“产物”（常用复数，如 the fruits of the earth，大地的产物），甚至是“男同性恋者”的蔑称。

juice（果汁），也可以是“菜汁”（如 carrot juice，胡萝卜汁）、“肉汁”（常用复数，如 beef juices，牛肉汁）、胃里的“酸液”（常用复数，如 stomach/gastric juices，胃液）、“电”（口语，如“His camera ran out of juice.”，他的相机没电了。）、“汽油”（口语，如“He ran out of juice on the last lap.”，最后一圈的时候他车子没油了。）、一个人的“活力”“劲头”（口语，如“He can be very tough to beat when he gets his competitive juices flowing.”，他那股竞争劲头一上来就难以打败了。）。

几个入门英语单词，却有这么多可能被忽略的意思和用法。我们在浩瀚如海的语言面前，是否都应该学着虚心一点？

四、饮食篇

在中华美食文化中遨游

chopstick 是汉源词?

chopstick（筷子）是一个基础的英语单词，因为一双筷子有两根，所以常用复数形式 chopsticks。权威资料表明，chopstick 不是望文生义的“劈（chop）棍（stick）”，如此解读是俗词源的做法。“劈棍为筷”貌似合理，却与事实不符。chopstick 后半部分的 stick 的确是英文的“棍”，是个表意成分。前面的 chop 却不是英文的“劈”，而是来自中文的“快”，反映的是“筷”的前身。

明朝的学者官员陆容在其编撰的《菽园杂记》中提到，筷子本作“箸”，然而民间习俗多有忌讳，走船的忌讳“箸”，因让人想到停止不动的“住”，便反其道以“快”称之，希望图个吉利，能舟行迅速。再以“儿”或“子”缀于“快”之后，便出现了“快儿”或“快子”。为了表意，复于“快”字上冠以形符“竹”，遂造出了“筷儿”或“筷子”，最后“筷子”胜出，流传至今。

那么，“筷”的前身“快”读 chop 究竟源自哪种汉语方言？牛津、韦氏等权威词典有的说是官话的“快”（旧拼 k’wai），有的说是粤语的“急”（旧拼 kap），然而中英语音差距过大，说服力明显不足。经向粤语人士咨询，再查阅汉语方言词典求证，我的综合判断是，表“快”的 chop 极可能源自粤语的“速”（旧拼 chok），而 chok 的尾音由 k 改为 p，这样的拼写变化，或许受到既有英语单词 chop 的影响。

事实上，由粤语 chok（速）重叠而成的 chokchok（速速），也给英文贡献了 chop-chop（快点），这个副词短语在当代口语里十分常见，如“‘Two pints, chop-chop.’ Jimmy called.”（“两品脱啤酒，快点。”吉米叫道。）、“Let’s go, chop-chop!”（走吧，快点！）。

源自粤语、隐含“快速”的chopstick和chop-chop，不禁让人联想到拼写类似的汉源词chow（食物），如“Let’s grab some chow.”（咱们拿点吃的吧。），以及chow的重叠形式chow chow（松狮犬；什锦蜜饯/酱菜）。

chow和chow chow这两个常用词在语音上带有汉语特色，也被权威词典推定源自汉语，不过具体对应到汉语的哪种方言、哪个词语，至今仍莫衷一是。

关于chow的确切来源，有学者说是“饺”，饺子乃中国的特色食物，由此泛指中国食物，最后成为一般食物的统称；有学者说chow来自“杂”，这可以从表“什锦蜜饯/酱菜”的chow chow看出端倪，因为这些蜜饯、酱菜里混杂着多种食材；也有学者说chow源自“炒”，炒菜时把食材混在一起，因而有了什锦（强调形式）和食物（强调结果）之意。

至于松狮犬为何称为chow chow则更是百家争鸣，迄无定论。或与食物有关，松狮犬最初为英语世界所知时，便以其肥壮的外型而与表“食物”的chow有了联系；或得名于“周”的旧拼，因为周朝是中国历史上的第一个黄金时代；或得名于表“什锦蜜饯/酱菜”的chow chow（杂杂），因为中国向西方输出了各式各样的杂货玩意儿；或源自粤语，由“狗”（kau）音变而成；或得名于18世纪中国运往英国的货柜名称；或得名于其中国古名“獢”（今音“消”）。

值得注意的是，在澳洲俚语里，首字母大写的Chow是个与Chink类似的歧视性字眼，意为“中国佬”，由中国食物转喻而得。在美国口语里，表“食物”的chow也可作动词表“吃”，如“It’s time to chow down."（该吃点东西了。）、"The kids chowed down on hamburgers and French fries."（孩子们吃了汉堡包和炸薯条。）。

看了来源众说纷纭的 chow，再来看看常见的汉源词 chow mein（炒面），以及和它近似的 chow fun。chow fun 可不是"炒饭"，而是"炒（河）粉"的英文，"干炒牛河"的英文就作 beef chow fun（牛肉炒粉）。chow fun 虽还没正式进入英文词典，但它在英语世界使用广泛，对于常吃中国菜的外国人而言，已经是个基本词语了。

除了上述词语之外，英文里还有一些贴近生活的汉源词，我精选了一部分条列如下，供读者参考：

ketchup 番茄酱（可能源自闽南语"鲑汁"）

loquat 枇杷（源自粤语的"卢橘"）

Langshan 狼山鸡（源自江苏南通狼山）

Shanghai 三黄鸡（源自上海浦东）

bohea 武夷茶（源自福建武夷山方言）

hyson 熙春茶（源自粤语）

Keemun 祁门红茶（可能源自安徽祁门方言）

Lapsang souchong 正山小种（源自粤语的"立山小种"）

pekoe 白毫（源自闽南语）

cheongsam 旗袍（源自粤语"长衫"，亦作 qipao）

cumshaw 小费；小礼物（源自闽南语的"感谢"）

gung ho 一头热的；十分投入的（源自"工合"，即"中国工业合作社"的简称，第二次世界大战时被美军挪用，作为激励士气的口号）

不是苹果的 apple：从菠萝 pineapple 谈起

菠萝的英文是 pineapple，苹果的英文是 apple。或许有人纳闷，pineapple 里怎么会有个 apple？菠萝和苹果究竟是什么关系？

pineapple 前半部分的 pine 是松树，后半部分的 apple，却不是我们所理解的苹果，而是指“苹果状的果实”，用于和苹果无关、但在某些方面与苹果相似的蔬果名称之中。这个用法的 apple 是个统称，或可笼统地翻成“果”，需要搭配其他修饰语才能明确所指。

据 OED 所载，pineapple 最早指的是松树的果实“松果”（或“松球”，现在英文说 pine cone）。菠萝原产南美洲，殖民者将其引进到欧洲之后，因其外型接近松果，所以 pineapple 渐渐就由“松果”转指“菠萝”。名字不变，指称的对象发生了转移，语义也就随之改变了。

说到“果”的统称 apple，另有两个相关词语。其一是番荔枝，因外形酷似释迦牟尼佛的头，又叫释迦。释迦的果肉软糯，甜度很高，英文多以这些特征来命名，如 sugar apple（糖之果）、sweetsop（湿软甜果，sop 意为“湿软的食物”），以及 custard apple（卡仕达果，卡仕达是蛋挞 custard tart 的主要原料，软而甜）。其二是莲雾，产自南洋。莲雾的英文常说 rose apple（玫瑰果，因略带玫瑰的香味而得名），另有 wax apple（蜡果，源自其蜡质的果皮）和 jambu（音译自马来语，也是闽南语“莲雾”的来源）等说法。

除此之外，不是苹果的 apple 还出现在一些常见的果实名称中，兹举二例。其一是 thorn apple（刺果），指的是山楂（目前多用 hawthorn），也可指曼陀罗（目前多用 jimsonweed）。其二是 crab apple（蟹果），是一种小型的野苹果，味道酸涩，因此多加工制成果酱或蜜饯。中国种的 crab apple 就是海棠或花红，也叫沙果、林檎。

没想到 apple 这个基础单词，居然可以这样来理解。

《中国食谱》对英文的贡献

清代袁枚在他的《随园食单》中详述了元明两代的300余种美酒佳肴，详细归纳了传统的烹饪经验，被誉为烹调圣本。上个世纪40年代，具有同样价值的《中国食谱》问世，记录了200多道经典菜式，并被翻译成不同国家的文字，修订、重印不计其数，畅销欧美数十年，影响了海外的语言与文化。

《中国食谱》第一版于1945年在美国出版，最初以英文写成，原书名为 *How to Cook and Eat in Chinese*（《如何用中文做菜吃饭》）。中文版经历了漫长的等待，直至2016年才首度面世。

关于作者，官方的说法是，此书乃一家人合作的产物，由杨步伟中文口述食谱，女儿赵如兰翻成英文，丈夫赵元任审校做注。不过也有号称熟悉内情的美国出版人主张，整本书都是身为语言学家的赵元任假杨步伟之名代笔的。

真相已无可考，但可以确定的是，这本书在西方世界产生了巨大影响，不仅以新颖的方式教授了中餐烹饪技巧的“术”，还生动幽默地传达了中华饮食文化的“道”，甚至在中译英方面尽显中国人的文化自信，做出了流传后世的贡献。

美国知名美食记者兼烹饪史学家安妮·门德尔松（Anne Mendelson）给予了此书高度的评价，称其为“第一本真正有深刻见解、以英文撰写的中国菜谱”（the first truly insightful English-language Chinese cookbook）。诺贝尔文学奖得主赛珍珠（Pearl S. Buck）甚至在导言里说，要提名杨步伟角逐诺贝尔和平奖，因为“世界和平之道，有比新菜美食上桌、大家围坐享用更好的吗”（What better road to universal peace is there than to gather around the table where new and delicious dishes are set forth?）？

胡适也为此书作序，除了概述中国饮食传统、赞美赵夫人杨步伟的精湛厨艺之外，他还提到了书中的语言创新。胡适特别点出作者新造的一些词语用法，如去腥料（defisher，除鱼剂）、炒（stir-fry，翻炒）、烩（meeting，会面）和汆（plunging，没入水中），并预测这些创新词将会留在英文中，成为赵家在语言上的贡献。

胡适有先见之明，1945 年的预测果真应了验，最经典的例子就是“炒”。在《中国食谱》里，作者以语言高手的口吻描述了“炒”这种烹调方法：“炒可定义为用武火薄油连搅快煎切碎的食材再淋上酱汁。我们称之为‘翻炒’，或简称为‘炒’。”（Ch’ao may be defined as a big-fire-shallow-fat-continual-stirring-quick-frying of cut-up material with wet seasoning. We call it ‘stir-fry’ or ‘stir’ for short.）作者发明的新词 stir-fry 先后被多本权威英文词典收录，如 OED，书中特色鲜明的定义也成了该词最早的书面证据。OED 明载，stir-fry 最初是名词，指的是炒的动作、过程和方法，后转指烹调后的成品“炒菜”，也可作为烹饪动词“炒”，甚至还派生出形容词 stir-fried（炒的）和动名词 stir-frying（炒），生命力十分旺盛。

我研究 OED 多年，发现 OED 在讲述中国菜时颇为倚重《中国食谱》，从中一共引用了 11 个段落作为书证。其中的 6 条书证也各自代表了 6 个英语新词的源头出处。stir-fry 位列其一，胡适看好的去腥料（defisher）、烩（meeting）和汆（plunging），可惜不在其中。另 5 个新词分别为：调味料的酱油膏（soy jam，意译），烹调方法的红烧（red-cooking，直译），以及美食的锅贴（potsticker，直译）、点心（dim sum，粤语音译）和元宵（yuan hsiao，普通话音译）。

酱油的英文 soy（全称 soy sauce）借自日文的 shōyu（酱油），在英文行之有年。酱油膏是中式烹调的调味料之一，当时没有规范的英文说法，作者便以现成的 soy（酱油）为基础，后加 jam（果酱）来描述其浓稠程度。

红烧是个极具中国特色的烹调方法，传统英译时多倾向解释性短语，如 braise/stew in soy sauce（用酱油烧/炖），而书中却大胆直译，逐字翻成 red-cooking（red“红”+cook“煮”+-ing“动名词后缀”）。这个新词貌似中式英语，但在英语母语者看来，却展现出修辞鲜活而不落俗套的魅力。动词 red-cook 由动名词 red-cooking 逆构而得，也是 OED 的一员。

类似的做法还出现在锅贴的英文 potsticker 上。作者同样大胆直译，“锅”是 pot，“贴”是 stick，再加上英文名词后缀 -er，组成了 potsticker（贴在锅上之物）这个新词。值得注意的是，1945 年第一版《中国食谱》中没有 potsticker，直到 1963 年的修订版才出现。

粤菜饮茶的“点心”是汉族饮食文化的重要组成部分，也是海外中餐馆最为人熟知的菜品之一。“点心”的英文现多作 dim sum，不过早期的拼法比较混乱，1945 年《中国食谱》出版时，作者依粤语发音拼为 tim-sam，是粤菜“点心”在英文中的第一个书面证据。

另外，作者以威妥玛式拼音 yuan hsiao 音译元宵，也是英文的首创。《中国食谱》第一版中提到“橙汁元宵”（orange soup with yuan hsiao）的做法，OED 以之作为书证，不过之后的修订版将其删除了。

除此之外，《中国食谱》里另有 5 段文字获得 OED 的青睐，被引作

5 个饮食词语的书证，分别是：芙蓉蛋（egg fu-yung）、面条（mien）、大豆（soybean）、川味（Szechuan）、未发酵的（unraised）。

叫好又叫座的《中国食谱》改变了西方世界对中国美食的认知，同时给英文贡献了好几个新词及注解，值得所有后人感佩。

中华美食的英译

几年前，美国有线电视新闻网（CNN）介绍了亚洲十大街头美食城，并在每个城市精选了10种街头美食，共计100种。经我统计，其中有83种的翻译完全采用了音译，有8种音义结合，只有9种是全英文的。CNN记者在介绍异国美食时，音译的使用率奇高，超过了九成。

在这100种小吃中，台北的10种街头美食，全部以音译形式呈现，有些来自普通话，有些则是闽南语：生煎包（sheng jian bao）、臭豆腐（chou doufu）、蚵仔面线（oamisua）、刈包（gua bao）、胡椒饼（hujiao bing）、牛肉面（niu rou mian）、豆花（douhua）、肉圆（ba wan）、葱油饼（cong you bing）、大肠包小肠（da chang bao xiao chang）。

西安的10种美食小吃同样以音译形式呈现：麻酱凉皮（majiang liang pi）、羊肉串（yang rou chuan）、柿子饼（shi zi bing）、烤鹌鹑蛋（kao anchun dan）、熏肉大饼（xun rou da bing）、八宝玫瑰镜糕（babao meigui jing gao）、肉夹馍（rou jia mo）、灌汤包子（guan tang baozi）、煎饼果子（jian bing guo zi）、刀削面（dao xiao mian）。

对于中华美食的英译，我的具体建议是，在双语菜单中，除了图片之外，文字部分先以汉字呈现，再搭配音译方便发音沟通，后接简短的解释性英文促进理解，如肉夹馍 rou jia mo（Shaanxi hamburger）、臭豆腐 chou doufu（stinky tofu）、羊肉串 yang rou chuan（lamb kebab）。

OED曾发布过一篇新闻稿，说它收录了13个来自香港地区的单词。我发现与食物有关的几乎达到一半，绝大多数都是粤语的音译：

叉烧（char siu）、烧味（siumei）、饮茶（yum cha）、大排档（dai pai dong）等。

英雄所见略同，CNN 和 OED 在翻译异国食物时不约而同地采取了音译的做法。各地美食极具文化特色，在翻成英文时，国际惯例就是音译，像日本的乌冬面（udon），韩国的韩式拌饭（bibimbab）。音译不仅最大限度地保留了原汁原味，又能彰显当地文化的主体性。除此之外，音译还便于当地店家理解，也让外国游客体会了异国情趣，更是展现当地语言的大好机会。

从《包宝宝》谈 bao

《包宝宝》（*Bao*）获得第 91 届奥斯卡金像奖最佳动画短片奖，该片由加拿大华裔导演石之予（Domee Shi）编剧并执导，短片通过拟人化的包子，讲述了中国式的亲子情感，温馨感人。片中俯拾皆是的中国元素与中餐美食，向世界宣扬了我们的传统与文化。

片名小写的 bao，也是当今英语世界对包子的主流说法，权威英语词典已经正式收录。包子之所以能够名扬海外，中餐馆居功厥伟，媒体记者的报导与美食作家的记录一样功不可没。

文献表明，早在 1971 年 4 月 25 日，bao 这个词就出现在了美国的《洛杉矶时报》（*Los Angeles Times*）上。该报介绍了最具代表性的粤式点心——叉烧包："包子是一种圆形的蒸团子，以酵母面团制成，可用叉烧肉作馅。"（The bao is a round steamed dumpling, made with a yeast dough, which may be stuffed with red roasted pork.）

得益于粤菜在海外的影响力，粤式叉烧包在英语世界出现的频率也相当高。2004 年 4 月 4 日美国的《纽约时报》也提到了叉烧包："在香港的美心餐厅，如果你点了包子，上来的会是白色膨松的小圆包，有葱肉馅的也有叉烧馅的。"（In the Hong Kong Maxim's, what you get when you ask for bao is a puffy white bun stuffed with pork and scallions, or barbecued meat.）

其实早在 100 年前，中国的包子就已经以音译的形式出现在英文文献中了，只不过当时用的是威妥玛式拼音 pao tzu。在吉纳维芙·威姆萨特（Genevieve Wimsatt）1927 年所写的《一个白人在中国》（*A Griffin in China*）中，就有这么一段在包子铺买包子的描述："我们在铺子前停下脚步，从暖盘上挑选几个热腾腾的'包裹物'，包子师傅微笑着表示欢迎。包子是一种蒸制的馅饼，包的是碎肉与青菜，而非甜品。"（The pao tzu man, smiling his welcome as we pause before his booth to select a couple of steaming 'wrapped up ones' from the warm pan. The pao tzu is a sort of steamed tart, filled not with sweets but with chopped meat and green vegetables.）

pao tzu 使用了约半个世纪之后，才逐渐进入拼写过渡期，慢慢让位给汉语拼音 baozi，之后再简化为单音节的 bao。

包子的传统英译是 steamed stuffed bun（蒸制的带馅小圆包），这也是绝大多数汉英词典给出的答案。然而翻译需要精简、地道，steamed stuffed bun 太过笼统含糊，无法满足我们的要求。

而 bao 这个词在英语世界的使用却越来越频繁，时常出现在店名、产品，以及各类媒体报道中，成为当今包子英译的标准答案。几部英美大型权威词典也已将其收录，牛津大学出版社的免费在线词典"牛津活词典"（*Oxford Living Dictionaries*）甚至收录了 12 条有关 bao（或 baozi）的真实例句。

叉烧包（char siu bao，char siu 为粤语音译，英语词典已收）、生煎包（sheng jian bao）、小笼包（xiao long bao）、汤包（tang bao）、灌汤包（guan tang bao）、三丁包（san ding bao）……翻译包子，用音译的 bao 即可。从《包宝宝》的 Bao，到权威词典的 bao，我们踏上了这条音译的正道。

豆角，白菜，话英文

在前一次普查时我遗漏了两个 OED 中的汉源词，一个是音译自粤语“豆角”的 towcok，另一个是借译自“白菜”的 white cabbage。我依据当代语言学的共识，认定汉源词有两大类：其一是音译词，如 wuxia（武侠）；其二是借译词，如 potsticker。这两个漏网之鱼分属两类：towcok 是音译词，white cabbage 是借译词。

先说 towcok。根据 OED 的词源所载，towcok 源自粤语，粤语拼音作 tau-kok，前面的 tau 是 bean（豆）或 pea（豌豆），后面的 kok 是 horn（角）或 pod（荚）。定义里给了俗名 cowpea（豆角）和学名 *Vigna sinensis*（豇豆）。需要注意的是，towcok 于 1913 年被 OED 收录，只有一条 1886 年的书证，至今过了 100 多年均无修订，是个曾经存在过的历史记录，现已基本不用。

至于 white cabbage，OED 在一个义项里说它是“中国白菜，是芸薹[1]的一个栽培种”（the Chinese cabbage, a cultivar of the turnip, *Brassica rapa*）。OED 在词源里让读者试着比较官话 baicai 和粤语 baahk choi，说二者字面义为 white vegetable（白色蔬菜）。另外，OED 还让我们通过超链接的形式，参见英文既有的两个表“白菜”的汉源词：pe-tsai[（大）白菜；黄芽白菜]和 bok choy[（小）白菜；青菜；上海青]。

据 OED 显示，pe-tsai（大白菜）第一个音节的拼写源自南方官话。我综合史料推测，这南方官话有可能是明清时期以南京为中心的江淮官

---

1 即油菜。

话。OED 在 pe-tsai 的定义里说它是一种中国白菜，学名是 *Brassica rapa* var. *pekinensis*，又称 Chinese leaf（中国叶菜）。经我交叉比对，pe-tsai 就是大白菜，又称黄芽白菜，简称黄芽菜。

另外，OED 说 bok choy（小白菜）源自粤语，是一种中国白菜，学名是 *Brassica rapa* var. *chinensis*。同样经我交叉比对，bok choy 确定就是小白菜，上海一带称之为青菜，多地称为上海青。

有趣的是，白菜的另一个栽培种“菜心”（即菜薹），英文是 choy sum，也是个来自粤语的汉源词，同样收录于 OED。

一个中国白菜，多种英文表述，汉源词在此精彩纷呈。

“皮蛋”的英文

中国菜举世闻名，这些美食的英译却少有定论，版本众多、各行其是。少数达成共识、流通广泛的英译，也未必收录于权威英语词典，如粤菜小吃 beef chow fun（干炒牛河）和江南点心 xiao long bao（小笼包）。

文化特色词的英译本就难有定论，有定论却未进入词典的，也所在多有。究其原因，或其在英语世界尚属小众，影响有限，由此反映出的语料不足，进而在选词纳编时被排除在外；或可归诸词典自身原因，修订缓慢甚至停滞，主编的个人好恶也可能左右词语的取舍。

“皮蛋”的英译，就是一个有趣的例子。

皮蛋具有鲜明的中国特色，不分大江南北，普遍受到国人的喜爱。由上海辞书出版社最新出版的《辞海》（第七版）是这样描述皮蛋的：“‘皮蛋’亦称‘松花蛋’‘变蛋’。一般是鸭蛋的加工品。中国特产。将鸭蛋涂上一层由食盐、生石灰、茶汁、草木灰等混成的糊状物，外沾谷糠，放入坛内，用湿黄土和少许食盐封坛口，经 15～30 天即成。也有其他制备方法，但都要用石灰和碳酸钠等碱性物质。成品蛋白凝固成赭褐色半透明体，内有松花状结晶；蛋黄变成蓝黑色。质嫩味鲜。”

质嫩味鲜，《辞海》（第七版）以这四个字总结中国人对皮蛋的评价。可萝卜青菜各有所爱。英谚有云，“One man’s meat is another man’s poison.”（对一个人而言是肉，对另一个人却是毒。）。皮蛋这个中国人眼中的家常美味，在 2011 年 6 月底，居然成了美国有线电视新闻网（CNN）报道中“最令人作呕”（the most revolting）的食物之一，且排名第一。

当时的这则报道引发许多中国人的强烈抗议，抗议邮件挤爆了 CNN 的工作信箱，愤怒的评论淹没了新闻网站的留言板。CNN 方面非常重视此事，一周之后，网站特别刊出专文《皮蛋大辩论》（The great century egg debate），以此正式回应并表达歉意。CNN 在肯定中国美食的同时，也谈到萝卜青菜各有所爱，一个人的喜好不见得符合另一人的口味，而且排名不分先后，无需过度解读。

事过境迁，我们可以心平气和地看待这场皮蛋纷争，单纯讨论皮蛋的英文。

2011 年 CNN 的这篇报道和事后回应在提到皮蛋时，用的最多的英译是 century egg（世纪蛋），共计 14 次，这也是英文“维基百科”的词目。文中还出现过一次 pidan（“皮蛋”音译）和一次 black egg（黑蛋）。2013 年英国广播公司（BBC）也报导了皮蛋，文中的大、小标题各用了一次 black egg，内文里用了两次 century egg，两次 pidan。

“维基百科”在给皮蛋的释义中以 century egg 作为词目，说它“或称（or）pidan”，另列出 7 个“又名”（also known as），分别是 preserved egg（腌制蛋）、hundred-year egg（百年蛋）、thousand-year egg（千年蛋）、thousand-year-old egg（千岁蛋）、millennium egg（千禧蛋）、skin egg（“皮蛋”直译）和 black egg（黑蛋）。一物多名乃世间常态，一词多译也稀松平常，不过一个皮蛋能有近 10 个有案可考的英译，实在罕见。

网上五花八门的说法看得人眼花缭乱，每当此时，只能求助于权威词典，希望能从中找到明确答案。

我把上述“皮蛋”的 9 个英译键入 OED 搜索，查到了 thousand-year egg，并以 thousand-year-old egg 为“又称”（also）作异体。至于“皮

蛋”在英文中为何叫“千年蛋”或“千岁蛋”，OED 并没有词源的说明。OED 给“皮蛋”的定义是“一种中国的美味佳肴，将蛋置于泥土、石灰、碎秸秆中腌制数周而成”（a Chinese delicacy consisting of a pickled egg that has been kept in earth, lime, and chopped straw for some weeks）。从中可以看出，OED 对皮蛋制作过程的解释比较简略。

我把同样的内容键入《韦氏大词典》搜索，发现唯独收了音译的 pidan，并在词源中指出，这个词源自北京地区的方言［Chinese (Pekingese)］，字面意思是“被包裹的蛋”（covered eggs）。《韦氏大词典》未收 OED 的 thousand-year(-old) egg，在关键时刻，二者果然互补。这本词典把皮蛋定义为“以盐水腌制的鸭蛋，于盐水中加入石灰、灰烬和冲泡的茶叶，放置数月后再以米糠包裹”（duck eggs preserved in a brine to which lime, ashes, and an infusion of tea are added and after several months coated with rice hulls）。《韦氏大词典》对皮蛋制作过程的描述与 OED 不尽相同，各有着重，然而不似 OED 把皮蛋视为中国的美味佳肴，只是中性的陈述。两本词典风格不同，各擅胜场。

我原先以为 pidan 是《韦氏大词典》近几年的新增词，经查阅纸质词典后才赫然发现，在 1934 年问世的上一版词典中，pidan 就已经条列在案了。当时对 pidan 的定义较长，内容基本与最新修订的相同，不过重点突出了皮蛋的中国传统，在定义的最后，提到了皮蛋“通体成黑色，可保存数年”（They are dark throughout and keep for years.）。这两部分内容在新版中已被删除。

语言有其时代特征，翻译也在变化流动。一个中国皮蛋，英文各自表述，谁能保证下一个出圈的英译，不是接地气的 skin egg?

“火锅”的英文

近几年来，日式火锅“涮涮锅”在国内流行，或以“呷哺呷哺”之名为人所知。

“呷哺呷哺”读如“虾补虾补”，是涮涮锅日语しゃぶしゃぶ的汉字音译，英文翻译照搬了日语的罗马字标音 shabu-shabu，并以此见录于大型英文词典。

根据日本学者石毛直道（Ishige Naomichi）的研究，日本的涮涮锅脱胎自中国的火锅，也就是北京涮羊肉。上个世纪日本人将涮羊肉的烹调法带回本国，改良而得如今之面貌。

令人叹息的是，作为源头的中国火锅在国内虽火，在世界美食舞台上的知名度却不高。“中国火锅”的英译用了现成的统称 hot pot（热锅），“涮羊肉”则是意译的 instant-boiled mutton（速烫羊肉），以期迎合英语母语者。

这样的对比让我想到了拉面。各种史料表明，日本拉面源自中国拉面，然而青出于蓝而胜于蓝，日本拉面闻名于世。相形之下，中国拉面在海外则鲜为人知。日本拉面的英文用的是日语的罗马字标音 ramen，简洁有力，中型以上的英文词典几乎都收录了。而英文词典未收录的中国拉面，则多半在汉英词典中出现，被意译为冗长的 hand-pulled noodles（手拉面条），即使有人呼吁用汉语拼音 lamian 表示，至今仍未成气候。

日本另有一种火锅料理“寿喜烧”（すき焼き），历史更为悠久，其英译也照搬了日语的罗马字标音 sukiyaki，大型词典中皆能查到。

记得在我遥远的学生时代，课本中“火锅”的英文是 chafing dish（加热盘），后来不知从何时起，hot pot 开始出现，chafing dish 也就慢慢退出了大众视野。近些年来，研究英文词典成了我的专业兴趣，经调查后发现，由中文直译的 firepot 和瑞士特色菜 fondue（瑞士火锅），都是我们英译“火锅”不错的选择。

先说说老牌的 chafing dish。综合牛津词典和“维基百科”的定义与描述，chafing dish 是一种便携式的炊具，由底部的热源和架于其上的锅盘所构成，置于餐桌上用以加热烹调，也可作保温之用，不妨新译为“温热锅”。chafing dish 不是菜肴，而是西方饮食文化的炊具，与我们的火锅不一样。中国的火锅，或可于其前冠上 Chinese，以 Chinese chafing dish（中式温热锅）称之。

再来说说当今火锅英译的“标准答案”hot pot。同样综合上述的权威辞书，合起来写的 hotpot 是英国兰开夏郡（Lancashire）的传统名菜，全称 Lancashire hotpot。这道菜是将肉类和其他蔬菜（如洋葱）置于砂锅内，以满满的土豆片覆盖，再送进烤箱低温烘烤而成。“砂锅土豆焖肉”是英语世界中 hotpot 最传统的意思。然而作“火锅”解时，这个词一般分开写成 hot pot，是英文词典里最近几年才新增的义项。以“牛津在线词典”为例，hot pot 指的是“东亚烹饪里，由生肉薄片、生蔬菜等构成的一道菜，就餐者在桌边自己煮，把食材放进滚烫的高汤里涮”（in East Asian cooking, a dish consisting of raw ingredients such as thinly sliced meat and vegetables that are cooked by diners at the table by dipping them in boiling broth）。这里讲的就是我们熟悉的火锅。另外，词典也说 hot pot 可兼指煮火锅的器具，食物、炊具二合一，这也是中文火锅的双重含义。

至于 firepot，作“火锅”解时就是个汉源词。我在 2018 年底对 OED 做了全面的汉源词研究，当时就发现 OED 收了表示“火锅”的 firepot，且词源明载，该词“译自中文的火锅，兼指用具和里面煮的菜肴”（after Chinese huǒguō, denoting both the utensil and the dish cooked in it）。“牛津在线”给 firepot 的定义是“东亚烹饪里的金属锅，碗形容器包围着中间的烟囱，下置热源，放在桌上以高汤底烹煮菜肴，也可用于保温；用这种锅具烹煮的菜肴”（in East Asian cookery: a metal cooking pot consisting of a bowl surrounding a central chimney beneath which a source of heat is placed, used for cooking or warming broth-based dishes at the table; a dish cooked or served in such a pot）。当然，firepot 还能指“装火的空间”或“被火烧的容器”，比如古代武器的纵火罐、火炉的炉膛、焊工炉、储火罐、坩埚、蒸馏器。据 OED 所载，这几个义项历史悠久，在 16 世纪就有，而意为“火锅”的 firepot，则要等到上个世纪后半叶才有文献记录。

除此之外，西方饮食文化中另有一个类似的词 fondue（瑞士火锅，本义为 melted“融化了的”），是一道瑞士名菜（炊具叫 fondue pot），不过锅子里的内容却与中国火锅大相径庭。fondue 的经典做法，是把芝士加白葡萄酒置于锅中煮融，再用面包蘸来吃。由于瑞士火锅的品种日趋多元，基本款的芝士火锅便用 cheese fondue 加以强调，巧克力火锅则是 chocolate fondue，现在还出现了中式火锅 Chinese fondue。Chinese fondue 合情合理，不仅说得通，还有许多真实语料的使用证据。

“火锅”的英文五花八门，究竟用哪个好？翻译无定论，特别是牵涉到这类文化特色词。当今的标准答案虽是 hot pot，不过我倒觉得 firepot 很理想，既是现成的英文词语，又是由“火锅”直译的汉源词，中国特色鲜明，兼顾了英语母语者的理解与中华文化的主体性。至于 Chinese chafing dish 和 Chinese fondue，则过于间接迂回。或者，直接参照日本涮涮锅（shabu-shabu）和寿喜烧（sukiyaki）的做法，干脆就用汉语拼音 huoguo，简单自然。

我们可以在现有的框架下找答案，也可以适时地创新，突破框架另立标准。说不定 huoguo 经历了历史的变迁，最终能留存下来。

“粽子”的英文

包子、饺子、粽子是中餐美食的三“子”，有着广泛的群众基础和深厚的影响力。OED 在 1982 年的《补编》（Supplement）中首度收录了包子，用的是传统的威妥玛式拼音 pao-tzu。2018 年，OED 把 pao-tzu 改为汉语拼音 baozi，并增列了两条新书证。简称的 bao 于 2016 年进入 OED，独立成条，但与 baozi 互见。饺子于 2006 年为 OED 所收，拼为 jiaozi，也在英语中安家落户。唯独粽子一直在英语世界的大门外徘徊。

粽子极具中华文化特色，文化特色词的翻译多以音译为之，如中国的馄饨（wonton）、日本的寿司（sushi）、韩国的泡菜（kimchi）、越南的越南粉（pho）、泰国的泰式炒粉（pad thai）。

由此看来，粽子的英文用汉语拼音转写的 zongzi 合情合理。无论是通过普通的搜索引擎还是专业的语料库，都能找到大量证据支持 zongzi 这个音译，且出现的语境相当多元，甚至包括当今国际重量级的英文媒体。

“维基百科”就以 zongzi 作为词目，并在词条中图文并茂地介绍了粽子的百科知识。“维基百科”的姊妹工程“维基词典”同样以 zongzi 作为词目收录了粽子，并有详细的词源、发音、定义、书证和翻译。此外，知名在线英语词典“词人”（Wordnik）也收录了 zongzi，并附上多条例句作为佐证。

虽说 OED 还没正式收录 zongzi，但出现了 zongzi 的踪迹。在 2017 年 3 月的季度更新中，OED 增收了 sticky rice（糯米）这个副词条，其中一条书证记录了分开写的 zong zi，引自华裔美籍作家谭恩美（Amy Tan）

1989年的名作《喜福会》（*The Joy Luck Club*）：“一个编织篮里装满了粽子——荷叶包糯米。”（a woven hamper filled with zong zi— the sticky rice wrapped in lotus leaves）

撇开zongzi，粽子的英文，是否还有其他的选择？

学生时代，我不知道粽子的英文怎么说，于是查阅了权威的汉英词典，看到的是一长串的描述，现在还能倒背如流：pyramid-shaped dumpling made of glutinous rice wrapped in bamboo or reed leaves（角锥形团子，由糯米制成，以竹叶或苇叶包裹）。这样的英文是解释，无法满足翻译时语言转换的需求。我们用英文介绍粽子时，首先得推出一个精简的“对应词”，必须“可作语篇插入”。简单来说，就是粽子的英文得是个“现成的替代品”，能够直接替换。

首选的zongzi固然正确合理，也能彰显我们自身的文化主体性，然而对于英语母语者而言，一开始恐怕异质性过强，容易造成理解上的障碍。退而求其次，意译的rice dumpling（米团）倒也不错，成为许多英语人士在介绍粽子时的常用选项，且是“维基百科”推荐的zongzi替代说法之一。

意译的rice dumpling浅显易懂，能让人掌握粽子的概况，知道是“米”（rice）做成的“团子”（dumpling），不过终究笼统含糊。讲究一点的sticky rice dumpling（黏米团）或glutinous rice dumpling（胶米团）指的都是糯米团，然而多了一个修饰语增加了长度，与理想的精简原则背道而驰。与rice dumpling相较，此二者明确了米的种类，虽也同为“维基百科”推荐的替代说法，不过如此一来，与元宵、汤圆、麻薯、糍粑、糯米糍、糯米丸子等传统的英译雷同，如何区分辨别？

多年前我在美国读博，常吃墨西哥食物。墨西哥菜在美国受众很广，其中有一道 tamale（墨西哥粽）是基本菜式，以玉米叶或香蕉叶包裹，内为带馅调味的玉米粉，蒸而食之，乍看之下颇像我们的粽子。因此我向美国朋友介绍粽子时，经常借力，顺势将它翻成 Chinese tamale（中式墨西哥粽），他们也能马上理解。现在网上也能搜到不少 Chinese tamale 的使用证据，不过通过墨西哥菜来介绍中国粽子的做法并不理想，且 tamale 的地域性极强，离开了美国其知名度便骤然下降，因此 Chinese tamale 也有局限性。

语言难有标准答案，翻译更是常无定论。上述的粽子英译都有凭有据，皆有可取之处，却也有无法回避的软肋。一物多名是语言的常态，粽子的英译也是如此，不足为奇。

洋芋擦擦，浆水鱼鱼，英文怎么翻？

我在新浪微博上有两万多粉丝，同时我也关注别人，其中我最感兴趣的，是一位网名叫“陕北霞姐”的美食视频博主。

陕北霞姐，家住陕西省北部的延安市志丹县永宁镇，是个 30 多岁的农村妇女，她纯朴、接地气、有亲和力。她经常在视频里分享陕北家常菜和特色小吃，从原材料一步步做到成品上桌，并与家人一同分享。网上类似的视频博主有不少，不过我都不怎么感兴趣。厨艺与美食固然重要，一旦缺乏了风土、生活、气质与氛围，便显得单薄而不够立体。在陕北霞姐的视频里，相关的元素相对丰富，让我着迷。从 2020 年 5 月初开始，她的每一期视频我几乎都全力支持，先点赞再转发并加以评论。

点赞，是给博主直观、量化的肯定。转发，是跟我的粉丝分享，同时给自己留个记录。评论，就要写点心得感想，把肚子里的话说出来，让自己的粉丝知道，也让陕北霞姐和她的粉丝看到。

我发表的评论，除了感性的印象和随想之外，还经常有知性的语言观察和研究心得。陕北的特色小吃有些名字很别致，单看字面经常难以参透，有了视频的辅助我才豁然开朗，看着看着，也思考起了英文翻译的问题。

有一期视频介绍的“洋芋擦擦”特别吸引我，因为这是我多年前知道的第一道陕北小吃。“洋芋”没问题，就是土豆。至于“擦擦”，我原本直觉以为是拟声词，但无法领略个中奥秘，经霞姐示范方知，擦擦就是用“擦丝器”把食材“擦成丝”。擦成丝的洋芋再以干面粉拌匀，然后上锅蒸熟，蒸熟的洋芋丝可以拌酱吃，可以炒配料吃，甚至可以煎成饼吃。

“洋芋擦擦”是陕北特色小吃，若要翻成英文，音译的yangyu caca符合跨文化词语对应的规律。至于能让人大致了解、快速掌握概念的意译，则不妨抓大放小，仿照mashed potatoes（捣成泥的土豆，即土豆泥）的模式，翻成grated potatoes（擦成丝的土豆）。词汇翻译，讲究的是精简的对应，不宜诉诸冗长的解释。

我看了陕北霞姐的美食视频借题发挥，把地方特色小吃当成了翻译课题来探讨，连我自己都觉得另类。谁说翻译研究一定要“高大上”？观察日常生活，从感兴趣的琐事着手，解决身边的个别问题，自己开心，也让人有感。由点而线，由线而面，有志之士共同努力，集腋成裘，不也是功德一件?

我针对“洋芋擦擦”的英译，在微博上发表了自己粗浅的看法，不久就有个西安的网友留言，问我“浆水鱼鱼”怎么翻。

我孤陋寡闻，看了一头雾水。“浆水鱼鱼”的词语结构貌似“洋芋擦擦”，但什么是“浆水”？什么是“鱼鱼”？依我判断，这应是一道地方特色美食，但陕北霞姐似乎未曾介绍过。上网一搜，果不其然。读了文字，看了视频，综合各家说法，才有了粗浅的认识。

“浆水鱼鱼”是陕西著名的小吃，多见于关中一带。“浆水”是一种发酵的酸汤，做法是把烫过变凉的蔬菜置入冷却的面汤中，经发酵变酸之后，再加入佐料配菜煮制而成。“鱼鱼”是一种两头尖尖的短面食，做法是把淀粉加凉水搅拌均匀，倒入加热的水中熬成糊，再把粉糊倒进大孔眼的滤盆，慢慢滴漏到另一锅凉水里，冷却成形为一截截的面食，宛如一大群白色的小鱼在水中浮动，故名“鱼鱼”。“浆水鱼鱼”就是把“鱼鱼”放入“浆水”中，调上辣油，撒些香菜，吃起来酸辣爽口。

那么，“浆水鱼鱼”的英文该怎么说呢？同样的思路，同样的道理。“浆水鱼鱼”也是文化特色词，音译的 jiangshui yuyu 同样是首选。若要让人理解、掌握事物的概念，第二步的意译必不可少。认准区别性特征，抓大放小，意译才能精简，精简才能对应，才是词汇翻译的目标。若想面面俱到，则多半沦为冗长的解释，不能拿来做语际对应，只能留待篇幅容许时再行为之。

“浆水鱼鱼”的意译，无论从食材、做法，还是字面切入，似乎都难以找到精简到位的英文。视频里最引人关注的元素，就是白色半透明的面食“鱼鱼”，形似“银鱼”，英文称之为 whitebait（白色的鱼饵，因其色泽银白，原本做鱼饵用），是个常见单词。

“浆水鱼鱼”是一种以“鱼鱼”为主角的酸汤面食，于是我借用了意大利面食的统称 pasta，冠以 whitebait 修饰，全新的词组 whitebait pasta 依循了 shell pasta（贝壳面，形似贝壳的意面）的结构，想要表达的是“形似银鱼的面食”，希望能传递出大致的概念。whitebait pasta 是我建议的意译，意译在短，应聚焦核心特征，去芜存菁。

有人会说，whitebait pasta 会不会让人误以为是“银鱼意大利面”？诚然，有这种可能，但日常用语多半有潜在的歧义，若词语有歧义，那就分列义项，一词多义本就是常态。讲到词语引起的误解，例子屡见不鲜。如鸡丝面里没有鸡丝，也不含任何鸡肉成分，只是因面的外形像鸡丝而得名。又如 chocolate truffle（松露巧克力）容易让人以为是内含松露的巧克力，其实它不含松露成分，只是形状与松露相近。

地方特色美食的翻译，是许多人都感兴趣的话题，经久不衰，各方均有值得尊重的立场和可取的见解。意译，见仁见智，我的看法，也不过是众多观点之一。然而，部分人士不愿正视、甚至嗤之以鼻的音译，事实上要强大得多，许多权威英文词典已经收录了不少音译单词。先前有 chowmein（炒面）、dim sum（点心）、moo goo gai pan（蘑菇鸡片）等，不一而足。现在有 jiaozi（饺子）、baozi（包子，常略作 bao）、char kway teow（炒粿条）等，且这类词仍在持续增长。未来，谁说音译不会如雨后春笋般遍地开花呢?

英文词语“中国茶”

中国是茶的故乡。不仅中国人爱喝茶，世界各地民众也都为之着迷，各种语言的“茶”几乎都源自中文。

英文的“茶”是 tea，源自闽南语，是标准单词。英文另有一词 char（亦拼为 chai 或 cha）也是茶，源自普通话或粤语，是口语的说法。近年来星巴克兼卖茶饮，菜单上就用了 chai，这个拼法也逐渐时髦了起来。

中国茶的种类繁多，钟鼎山林各有所好，历来所谓的“十大名茶”版本不一。我统计了 5 个网上的“十大名茶”评比，将进榜次数加总后由高到低排序，次数相同者排名不分先后，得到的恰好也是 10 个，分别是：洞庭碧螺春、西湖龙井、黄山毛峰、安溪铁观音、六安瓜片（以上各 5 次）、信阳毛尖（4 次）、武夷茶、祁门红茶、都匀毛尖、庐山云雾茶（以上各 3 次）。

英国人爱喝茶也是出了名的，他们自己发展出了一套有别于中国的茶文化，英文里的茶词汇自然也就应运而生。除了最基本的统称 tea 和 char 之外，有相当一部分茶叶的名称直接借自中文，进了权威的英文词典。

让我颇感意外的是，上述的中国十大名茶只有 2 个被收录进了词典，即武夷茶（bohea，“武夷”的音译）和祁门红茶（Keemun，“祁门”的音译），此二者均是产地地名的方言读法。

我以 OED 为本，对英文里的茶做了调查研究，发现一共有 20 多个源自中文的茶品种、茶产品或茶文化单词。这其中除了上文提到的 tea、char、bohea、Keemun 之外，还有 oolong（乌龙茶）、Pu-erh（普洱茶）、congou（功夫茶）、hyson（熙春）、young hyson（嫩熙春，即雨前）、pekoe（白毫）、pouchong（包种茶）、souchong（小种茶）、Lapsang souchong（立山小种；正山小种）、Twankay（屯溪绿茶）、bing（茗）、imperial tea（御茶，一种上等绿茶）、pearl tea（珠茶）、oopak（湖北茶，一种黑茶）、sunglo（松萝茶）、campoi（拣焙茶）、jasmine tea（茉莉花茶）、boba tea（波霸奶茶；珍珠奶茶）、bubble tea（泡沫红茶）、yum cha（粤式饮茶）。

这些英文，多半源自中国南方各地方言或早期的拼法，也有少数的意译词，有些中文在中国都罕为人知。

对于许多中国人喜爱的绿茶，英国人似乎兴致索然，他们更青睐红茶和乌龙茶。近些年来在国内兴起的新式茶饮和流行于海外的粤式茶楼，也都促成了英文新词的产生，在英语世界找到了一席之地。老干新枝，中国茶对英文的影响力，看来仍在持续。

英文词典首纳川菜

中国菜举世闻名，在全世界遍地开花，几乎无所不在。就菜系而言，粤菜在国外的扎根既深且广，影响力也大，占据了半壁江山。近些年来，川菜异军突起，在海外知名度大增，掳获了许多饕客的胃，颇有迎头赶上之势。

这样的市场变化，或可从菜名的英文中看出一些端倪。

中国美食品项繁多，名称有固定英译的，则相当有限。能够广获英语世界认可、从而进入词典殿堂的，更是凤毛麟角，如 bao（包子）、mantou（馒头）、jiaozi（饺子）、potsticker（锅贴）、bird's nest soup（燕窝）、Peking duck（北京烤鸭）、moo shu pork（木须肉）、chow mein（炒面）、char siu（叉烧）、dim sum（点心）、moo goo gai pan（蘑菇鸡片）、shumai（烧卖）、siumei（烧味）、subgum（素什锦）、wonton（云吞），等等。

我特别为粤菜的"干炒牛河"可惜，这道菜在国外的中餐馆是个必点的基本款。长久以来，"干炒牛河"的英译一直都作 beef chow fun（牛肉炒粉），英语母语者也都以此名相传，然而迄今却仍无缘为词典所收。好在"维基百科"图文并茂地收录了该词，稍许弥补了一些缺憾。

我研究英语词典里的汉源词多年，在美食领域一直未见川菜的踪迹。近期，这一现象有所改变，迎来了零的突破，令人惊喜。

麻婆豆腐、宫保鸡丁、夫妻肺片、鱼香肉丝、回锅肉、水煮鱼、麻辣烫、红油抄手、担担面……率先进入英语词典的川菜究竟是哪一道？从大的方向说，答案是"宫保鸡丁"。不过让人颇感意外的是，词典收录的不是菜品“宫保鸡丁”（kung pao chicken），而是烹调法“宫保”（kung pao）。宫保鸡丁是国外中餐馆的必备菜品，英译的 kung pao chicken 早已固定，且行之有年，收入词典只是时间问题。

给川菜带来“零突破”的英语词典，就是美国的《韦氏大词典》，它增收了川菜的“宫保”（kung pao），把它定义为“煸炒，有时也油炸，伴以辣酱配花生”（stir-fried or sometimes deep-fried and served in spicy hot sauce with peanuts），并简单地列举二例为证：宫保鸡丁（kung pao chicken）、宫保虾仁（kung pao shrimp）。《韦氏大词典》在词源中指出，kung pao 来自北京地区的方言 [Chinese (Pekingese)]，现在的拼写是 gong bao，字面意思是“宫廷保卫者”（palace guardian），在英文的“首见使用”（first known use）出现于 1976 年，但具体首见于何处，书证是什么，都没有进一步说明。

此处“宫保”的定义稍显简略，其中提及的烹饪方法也有待商榷。另外，词源对“宫保”的理解似乎有所偏差。相传宫保鸡丁是清光绪年间四川总督丁宝桢“丁宫保”（“宫保”为官衔）发明的，是他招待客人时叫家厨煮的菜肴，因而得名，应不是字面的“宫”廷“保”卫者。当然，宫保鸡丁的确存在着不同的做法，且《韦氏大词典》只是语文词典，并非菜谱或百科全书，我们也不必过于较真苛责。

“韦氏在线”同样收录了“宫保”，内容大同小异，例证少了宫保虾仁（kung pao shrimp），却多了两条真实语料的引文，可谓失之东隅，收之桑榆。其中一条引文还提到了其他中国菜，让人眼睛一亮。我上网求证核实，发现这条引文摘录自美国有线电视新闻网（CNN）2018 年 6 月 7 日的一则报道，介绍了北京某“二附中”的食堂午餐：“另一区提供干香肉片、麻辣烫、宫保鸡丁和番茄炒蛋，头顶上的 LED 荧光屏上显示着菜单。”（The other is offering fragrant meat slices, spicy hot pot, kung pao chicken, and a tomato and egg dish, its menu lit up on a fluorescent LED board overhead.）

英语词典首纳川菜，宫保鸡丁（kung pao chicken）拔得头筹。其实还有一些川菜菜品有固定的英译，在英语世界广为流传，如麻婆豆腐（Mapo tofu）和回锅肉（twice-cooked pork）。其他川菜的英译似乎还在流动，彼此较劲，以“夫妻肺片”为例，有音译的 fuqi feipian，还有创意十足、灵感来自美国电影片名的 Mr. and Mrs. Smith（史密斯夫妇）。

下一个进入英语词典的中国美食，不知道会出自哪个菜系？又会是哪一道美味佳肴？

中国白酒，英文就说 Chinese Baijiu！

白酒深具中国特色，文化特色词的翻译采用音译的方式是常态。我长期研究英文里的汉源词，虽然 baijiu 经常出现在英文媒体上，如美国《纽约时报》、《芝加哥论坛报》（*Chicago Tribune*）、《彭博商业周刊》（*Bloomberg Businessweek*）等，有许多真实使用的案例，但该词却是近期才被收录进英文权威词典的。

根据我的研究，中国白酒名声在外，早已被多部权威英文词典收录，多拼为 samshu（三烧），这个词历史悠久，大多存在于历史文献中。

OED 按历史原则编纂，对于词语的历史纵深有着详细的交代。据 OED 所载，samshu 或拼为 samshoo，19 世纪的美国传教士兼汉学家卫三畏（Samuel Wells Williams）认为，该词为洋泾浜英语，源自粤语的“三烧”。词典中对词源的说明到此为止，但据我推断，这个“三烧”或为“三蒸”的另称，全名为“三蒸酒”，是一种现今流行于马来西亚的廉价烧酒（即白酒），经三次蒸馏而成。之所以流行于马来西亚，或与早期的中国移民有关。

OED 对“三烧”的定义相当精简，说它是“中国烈酒的统称，用大米或高粱蒸馏制成”（the general name for Chinese spirits distilled from rice or sorghum）。历史上最早的书证出现于 1697 年康熙年间的《环游世界新旅》（*A New Voyage Round the World*），作者威廉·丹皮尔（William Dampier）在书中写道：“官员带了两大坛的亚沥酒上船，中国人称之为‘三烧’。”（The Officer brought aboard 2 great Jars of Arrack called by the Chinese, Sam Shu.）

“三烧”是中国白酒早期的统称，除了 OED，另三本大型英文词典也都收录了。特大型的《韦氏大词典》与《兰登书屋韦氏英语大词典》，以及大型的《柯林斯英语词典》都以 samshu 收录了中国白酒。这三本词典的定义与 OED 大同小异，不过原料除了大米之外还多了小米（millet），词源除了粤语的“三烧”，也有官话的“烧酒”一说。

samshu 虽有诸多权威词典佐证，但语料表明，这是个早期单词，在当今英语世界的使用率偏低。OED 在 1909 年宣统元年收录了 samshu 之后，就再也没有修订过，因此最近的一条书证还停留在更早的 1888 年，也就是光绪年间。这条 100 多年前的书证出自英国商人、旅游作家阿奇博尔德·立德（Archibald Little）的《扁舟过三峡》（*Through the Yang-tse Gorges*），讲的是当时中国人喝白酒的习俗：“每天的例行公事都以吞下火辣辣的‘三烧’开始，一小杯一小杯地没完没了。”（The business of the day commenced with swallowing endless thimblefuls of hot “samshu”.）

当代英国小说家乔治·弗雷泽（George Fraser）对 samshu 也有不少着墨。他在 1985 年出版了《闪电人与龙》（*Flashman and the Dragon*），故事以 1860 年咸丰年间的第二次鸦片战争为时代背景，文中就多次出现 samshu。

不过，牛津、韦氏等多部权威词典收录的 samshu 是旧社会的产物，贸然移植到 21 世纪，除非有修辞上的特殊考量，否则并不妥当。那么貌似直译的 white wine 是否合适呢？white wine 一般指“白葡萄酒”，不是中国的白酒，然而英国记者兼作家丹尼斯·布拉德沃斯（Dennis Bloodworth）却反其道而行。他在 1967 年的《中国窥镜》（*The Chinese Looking Glass*）一书中提道：“知名的中国白酒，如茅台、玫瑰露、白干，有着一种私酿酒的强大后劲。”（The famous Chinese white wines — Mao-T'ai, Mei-Kuei-Lu, Pai-kan — have the mule-kick of a bath-tub gin.）此处“白酒”用的居然是 white wine，这个措词让人诧异，我大胆揣测，应该不是作者无知犯错，而是刻意破格、挑战英文白葡萄酒的本义。可惜后人对 white wine 的新义不买账，作者的挑战以失败告终。

中国白酒的概念接近欧美的烈酒，若为了方便英语母语者理解，可借用既有的 liquor（烈性酒，不可数名词）和 spirits（烈酒，复数名词）。亦可冠以 Chinese，用 Chinese liquor（中国烈性酒）、Chinese spirits（中国烈酒）来强调中国特色。

中国的酒文化也给英文贡献了几个单词，除了旧时代的三烧（samshu），还有国酒茅台（Mao-tai）、绍兴黄酒（Shaoshing）、小米酒（millet wine）和高粱酒（kaoliang）。这 5 个英文的汉源词，OED 和《韦氏大词典》都收录在案，也明确指出源自中文或中国。

这样寻根溯源的旅程，总会有峰回路转的时候。据媒体报导，中国海关总署已经批准中国酒业协会的申请，正式采用他们建议的 Chinese Baijiu 作为中国白酒的英译。新的《中华人民共和国进出口税则》从 2021 年 1 月 1 日起正式执行，中文列目名称里的“白酒”，对应的英文是 Chinese Baijiu。

白酒的英译进入法律条文，出口时厂商必须照章采用，这个官方认可的新名称必然会对国际社会产生深远的影响。海关商品名录上“白酒”的旧译是 Chinese distilled spirits，意为“中国蒸馏酒”，翻译相对间接，外国人理解虽然没问题，但简洁性与精准度却不到位，对我们的文化主体性也有所损害。

我逐一翻查各家权威英语词典，本来不抱任何希望，却意外发现英国的《柯林斯英语词典》居然收录了 baijiu！《柯林斯英语词典》给 baijiu 标的音标是/ˈbaɪdʒuː/，称其为“源自中国的一种酒，由谷物或大米蒸馏制成”（an alcoholic drink originating in China, distilled from grain or rice）。之后还有精简的词源解说，言其“20 世纪进入英文，来自中文，字面义：清澈之酒”（C20: Chinese, literally: clear wine）。词条后半部分，甚至自动摘取了两条来自网络的例证：一条出自英国《泰晤士报》，另一条摘自“维基百科”。

上辈子是西北人

2021年的国庆节，是我在上海度过的第一个国庆节。我喜欢游历四方，体验各地风情，遍尝各地美食。但长假期间的交通住宿和景点人潮让人望而却步。我逆向操作，不扎堆出游，选择留沪休息，想出门透透气，就搭公交地铁，甚至徒步远行，避开上海的网红景点。我到川沙古镇，去三甲港的东海之滨，在市区的街道里弄，顶着骄阳烈日随性走走。迷路走弯道，就当锻炼腿力，去认识一个未曾谋面的上海。饿了渴了，那就碰到什么是什么，吃喝随缘。

我通过社交媒体写日记，用微博记录自己的沪上假期。有个西安的铁粉建议，不妨也在大众点评网分享，给兴趣相近的朋友参考。我早些时候才申请了大众点评网的账号，一直都没怎么用，差点忘了我也是个注册用户。系统随机给的用户名复杂难记，何不趁机换个容易上口的昵称，用来代表另一个自己？我才低头垂目，马上就有了灵感。我热爱西北，向往陕西甘肃的风土人情，嗜吃陕甘二省的小吃点心，何不改叫“上辈子是西北人”？我拍拍脑袋，就此定案。

人如果有上辈子，我上辈子真有可能是西北人。我在微博上分享相关的文字图片，常有朋友留言评论，问我这个台湾人的祖籍是陕西还是甘肃，否则怎么会对大西北有如此的情怀？我说都不是，并调侃答道，大概上辈子是西北人吧！我的祖籍是福建漳州一带，祖辈于清朝晚期横渡海峡，落户台湾，至今已有百余年。然而奇妙的是，我的身体里似乎隐藏着西北的基因，流淌着西北的血液。

1992年的初夏，我生平第一次踏上神州大陆，西安就是我的头号目的地。当时的西安外表寂静质朴，内里却又隐约散发出汉唐盛世的辉煌。后来我一次又一次去到西安，次数多到数不清，却也未曾厌倦。除了西安，关中多地我也走过。2020 年 1 月下旬，我正计划前往宝鸡陇县过大年，打算到那里多待些时日，体验一下西北农村的新春习俗，在沟壑纵横的黄土高原上跑村走镇，追赶原汁原味的社火。孰料计划临时有变，只得紧急取消，原路折返。

打算去陇县的那一趟，原先考虑的目的地其实是西安郊区的蓝田。蓝田在终南山麓，离西安说近不近，远离了大都市的尘嚣，自得一片幽静之天地；说远也不远，有方便的公交车往返，想要享受繁华，上车刷卡扫码即到。蓝田有王维《终南别业》的“行到水穷处，坐看云起时”，有李商隐《锦瑟》的“蓝田日暖玉生烟”，还有陈忠实《白鹿原》两家三代的矛盾纠葛与恩怨情仇。微博的另一位热心铁粉还帮忙联系西安的亲友，打算安排我住在唐代“大兴汤院”遗址所在的汤峪镇。

关中虽是重中之重，陕北和陕南也让我为之向往。陕北的延安、安塞、榆林、米脂、绥德、佳县，陕南的汉中、勉县、城固，都不是热门的旅游景点，却不知怎么地，让我醉心着迷，烙下了我探幽访古、向历史致敬的足迹。

河西走廊我走了两回，第一回跟团游，来去匆匆，只能走马观花。第二回个人游，从容悠闲，方得近看细品。纪录片《河西走廊》反复看了几遍，千年历史，茫茫钩沉，每每让我动容，雅尼作曲的主题音乐响起，总能令我潸然泪目。从金城兰州起一路往西，沿路的武威、张掖、酒泉、嘉峪关、敦煌、阳关、玉门关，仿佛个个都是我的前世家人，人人都是相见恨晚的知己好友。

2019 年的整个暑假，我四处旅行，虽热得汗如雨下，却也不改吾志，快活惬意。8 月中旬，偶然在电视上看到大型纪录片《中国影像方志》，那集介绍了甘肃礼县，说礼县是秦人、秦文化的发祥地，《诗经·秦风·蒹葭》的原型地就在那里。

这个节目太有魔力了，看得我目不转睛，心跳加速。秦国，春秋五霸，战国七雄，由小而大，由弱转强，最后东进，兼并六国，统一天下，建立中国历史上真正大一统的封建王朝。西方诸语言中表“中国”的China，据说即源自于“秦”。史诗级的历史电视剧《大秦帝国》热播，对秦国的崛起、蜕变、壮大有着细腻的描述，当时我追剧追得如痴如狂，怎能错过礼县这个秦文化的发祥地?

让我振奋的不仅如此。《蒹葭》是《诗经》里我最喜欢的一首诗歌，学生时代头一回读到“蒹葭苍苍，白露为霜。所谓伊人，在水一方”，我就幻想着诗中的场景：深秋霜降，芦苇茂盛，在水滨摇曳，思慕之人远在他方。我本以为这只是模糊的描述，场景可以是黄河流域的任何一处，想不到经学者考证确有其地，就在礼县。

我的西北心，飞扬了起来。

8月中旬种下的礼县种子，在上海书展期间酝酿、发芽。我做完书展的专题讲座，先到苏州逗留数日，等天气稍微凉快一点再出发。深秋的霜降我是等不到了，9月初还有教学任务，于是8月下旬的一个深夜，我坐动车卧铺从苏州出发，夕发朝至，隔天午前到了天水。

天水是陇东重镇，是交通节点，要到礼县通常得先经天水。我除了努力上网搜索，也在微博上发文求教，正好有个礼县的朋友热心相助，使我大致了解了相关的情况。礼县县城有条穿城河流，当地称之为燕子河，是西汉水的支流，而西汉水则是嘉陵江的支流，《蒹葭》描述的就是礼县的燕子河。当地前几年也种植过芦苇，希望能够些许还原诗歌里的景致，然而近几年因为气候变化，燕子河的水量不断减少，芦苇很难成活，早就没再种了。

得知礼县的河边没有芦苇，《蒹葭》已不再蒹葭，此行大打折扣，究竟还有什么意思？我彷徨了片刻，想到了“发思古之幽情”。一切有为法，纵使都已灰飞烟灭，凭借着想象，我也能够打破时空，与古人神游。去，当然去。

搭上从天水开往礼县的大巴，到了礼县再转公交车抵城区。日正当中，饭点已到，路上发现一家当地特色的面馆，进去点了碗臊子加豆腐棒棒面。面条劲道好吃，豆腐丁有股迷人的焦香味，臊子卤得入味，给得大方，隔壁桌的男娃，长着一副秦俑小兵的面容。礼县给我的第一印象就很好。

燕子河离棒棒面馆不远，走路三五分钟便到。初见时淡然，河水流淌，波澜不兴，就是一条比较原生态的寻常小河。然而想到这就是《蒹葭》的场景地，心头不自觉一颤。找了个缺口走近河床，在蔓生的杂草中穿梭，好不容易才走到水边，看着脚边的河水既清又浊，望着河中的沙洲也是杂草丛生。时令未到，霜降不可得，不过蒹葭呢？芦苇呢？真的消失了吗？

才一个转身，咦，身旁麦黄色纤毛的禾草，虽然只有零星、低矮的几株，不就是芦苇吗？我迟疑，确认，再确认，是的，没错。芦苇并未完全消失，而是数量大幅下降，个头也严重缩水了。

就是这条河，虽然河水不再丰沛；就是这个芦苇，虽然芦苇不复茫茫。我上辈子是西北人，是2500年前、上古汉语时代的秦人。我傍着潺潺的一弯浅水，倚着寥落的几株芦苇，穿着短袖短裤，吟诵起现代汉语版的《蒹葭》：“蒹葭苍苍，白露为霜。所谓伊人，在水一方。溯洄从之，道阻且长。溯游从之，宛在水中央……”